구약10

에스라 | 느헤미야 | 에스더 | 욥기

Ezra • Nehemiah • Esther • Job

______________의 손글씨

시작한 날 . . .

마친 날 . . .

MISSION TORCH

성경읽기표 | Bible Writing Plan

구약(　　년　　월　　일부터　　　년　　월　　일까지)

모세모경

창세기	1	2	3	4	5	6	7	8	9	10	11	12	13	14	15	16	17	18	19	20	21	22	23	24
	25	26	27	28	29	30	31	32	33	34	35	36	37	38	39	40	41	42	43	44	45	46	47	48
	49	50																						
출애굽기	1	2	3	4	5	6	7	8	9	10	11	12	13	14	15	16	17	18	19	20	21	22	23	24
	25	26	27	28	29	30	31	32	33	34	35	36	37	38	39	40								
레위기	1	2	3	4	5	6	7	8	9	10	11	12	13	14	15	16	17	18	19	20	21	22	23	24
	25	26	27																					
민수기	1	2	3	4	5	6	7	8	9	10	11	12	13	14	15	16	17	18	19	20	21	22	23	24
	25	26	27	28	29	30	31	32	33	34	35	36												
신명기	1	2	3	4	5	6	7	8	9	10	11	12	13	14	15	16	17	18	19	20	21	22	23	24
	25	26	27	28	29	30	31	32	33	34														

역사서

여호수아	1	2	3	4	5	6	7	8	9	10	11	12	13	14	15	16	17	18	19	20	21	22	23	24
사사기	1	2	3	4	5	6	7	8	9	10	11	12	13	14	15	16	17	18	19	20	21			
룻기	1	2	3	4																				
사무엘상	1	2	3	4	5	6	7	8	9	10	11	12	13	14	15	16	17	18	19	20	21	22	23	24
	25	26	27	28	29	30	31																	
사무엘하	1	2	3	4	5	6	7	8	9	10	11	12	13	14	15	16	17	18	19	20	21	22	23	24
열왕기상	1	2	3	4	5	6	7	8	9	10	11	12	13	14	15	16	17	18	19	20	21	22		
열왕기하	1	2	3	4	5	6	7	8	9	10	11	12	13	14	15	16	17	18	19	20	21	22	23	24
	25																							
역대상	1	2	3	4	5	6	7	8	9	10	11	12	13	14	15	16	17	18	19	20	21	22	23	24
	25	26	27	28	29																			
역대하	1	2	3	4	5	6	7	8	9	10	11	12	13	14	15	16	17	18	19	20	21	22	23	24
	25	26	27	28	29	30	31	32	33	34	35	36												
에스라	1	2	3	4	5	6	7	8	9	10														
느헤미야	1	2	3	4	5	6	7	8	9	10	11	12	13											
에스더	1	2	3	4	5	6	7	8	9	10														

시가서

욥기	1	2	3	4	5	6	7	8	9	10	11	12	13	14	15	16	17	18	19	20	21	22	23	24
	25	26	27	28	29	30	31	32	33	34	35	36	37	38	39	40	41	42						
시편	1	2	3	4	5	6	7	8	9	10	11	12	13	14	15	16	17	18	19	20	21	22	23	24
	25	26	27	28	29	30	31	32	33	34	35	36	37	38	39	40	41	42	43	44	45	46	47	48
	49	50	51	52	53	54	55	56	57	58	59	60	61	62	63	64	65	66	67	68	69	70	71	72
	73	74	75	76	77	78	79	80	81	82	83	84	85	86	87	88	89	90	91	92	93	94	95	96
	97	98	99	100	101	102	103	104	105	106	107	108	109	110	111	112	113	114	115	116	117	118	119	120
	121	122	123	124	125	126	127	128	129	130	131	132	133	134	135	136	137	138	139	140	141	142	143	144
	145	146	147	148	149	150																		
잠언	1	2	3	4	5	6	7	8	9	10	11	12	13	14	15	16	17	18	19	20	21	22	23	24
	25	26	27	28	29	30	31																	
전도서	1	2	3	4	5	6	7	8	9	10	11	12												
아가	1	2	3	4	5	6	7	8																

선지서

이사야	1	2	3	4	5	6	7	8	9	10	11	12	13	14	15	16	17	18	19	20	21	22	23	24
	25	26	27	28	29	30	31	32	33	34	35	36	37	38	39	40	41	42	43	44	45	46	47	48
	49	50	51	52	53	54	55	56	57	58	59	60	61	62	63	64	65	66						

예레미야	1	2	3	4	5	6	7	8	9	10	11	12	13	14	15	16	17	18	19	20	21	22	23	24
	25	26	27	28	29	30	31	32	33	34	35	36	37	38	39	40	41	42	43	44	45	46	47	48
	49	50	51	52																				
예레미야애가	1	2	3	4	5																			
에스겔	1	2	3	4	5	6	7	8	9	10	11	12	13	14	15	16	17	18	19	20	21	22	23	24
	25	26	27	28	29	30	31	32	33	34	35	36	37	38	39	40	41	42	43	44	45	46	47	48
다니엘	1	2	3	4	5	6	7	8	9	10	11	12												
호세아	1	2	3	4	5	6	7	8	9	10	11	12	13	14										
요엘	1	2	3																					
아모스	1	2	3	4	5	6	7	8	9															
오바댜	1																							
요나	1	2	3	4																				
미가	1	2	3	4	5	6	7																	
나훔	1	2	3																					
하박국	1	2	3																					
스바냐	1	2	3																					
학개	1	2																						
스가랴	1	2	3	4	5	6	7	8	9	10	11	12	13	14										
말라기	1	2	3	4																				

신약(년   월   일부터   년   월   일까지)

복음,역사서

마태복음	1	2	3	4	5	6	7	8	9	10	11	12	13	14	15	16	17	18	19	20	21	22	23	24
	25	26	27	28																				
마가복음	1	2	3	4	5	6	7	8	9	10	11	12	13	14	15	16								
누가복음	1	2	3	4	5	6	7	8	9	10	11	12	13	14	15	16	17	18	19	20	21	22	23	24
요한복음	1	2	3	4	5	6	7	8	9	10	11	12	13	14	15	16	17	18	19	20	21			
사도행전	1	2	3	4	5	6	7	8	9	10	11	12	13	14	15	16	17	18	19	20	21	22	23	24
	25	26	27	28																				

서신서

로마서	1	2	3	4	5	6	7	8	9	10	11	12	13	14	15	16								
고린도전서	1	2	3	4	5	6	7	8	9	10	11	12	13	14	15	16								
고린도후서	1	2	3	4	5	6	7	8	9	10	11	12	13											
갈라디아서	1	2	3	4	5	6																		
에베소서	1	2	3	4	5	6																		
빌립보서	1	2	3	4																				
골로새서	1	2	3	4																				
데살로니가전서	1	2	3	4	5																			
데살로니가후서	1	2	3																					
디모데전서	1	2	3	4	5	6																		
디모데후서	1	2	3	4																				
디도서	1	2	3																					
빌레몬서	1																							
히브리서	1	2	3	4	5	6	7	8	9	10	11	12	13											
야고보서	1	2	3	4	5																			
베드로전서	1	2	3	4	5																			
베드로후서	1	2	3																					
요한일서	1	2	3	4	5																			
요한이서	1																							
요한삼서	1																							
유다서	1																							

예언서

요한계시록	1	2	3	4	5	6	7	8	9	10	11	12	13	14	15	16	17	18	19	20	21	22		

▶ 공동체 성경쓰기 운동_ 써바이블

"써(Write) 바이블(Bible)"은 공동체 성경쓰기의 타이틀로, 우리의 생존(Survival)에 성경이 가장 소중하다는 의미를 담고 있으며, 가장 기본인 말씀으로 돌아가기를 시작하자는 손글씨성경쓰기 운동입니다.

손글씨 성경_ 읽고, 쓰고, 마음판에 새기다

기독교는 말씀의 종교라고 합니다. 그것은 하나님께서 주신 '말씀'(성경)으로부터 모든 역사를 이루어 왔기 때문입니다. 따라서 모든 그리스도인들은 하나님께서 주신 말씀을 읽고, 묵상하고, 다시 적용하는 '신앙인의 삶'을 가장 우선순위에 둡니다. 말씀을 읽지 않고 하나님을 예배할 수 없고, 말씀을 묵상하지 않고 하나님의 계획을 알 수 없고, 말씀을 적용하지 않고 성화될 수 없기 때문입니다. 성경을 읽고 마음판에 새기기 위하여 쓰기의 중요성과 필요성은 아무리 강조해도 지나치지 않습니다.

▶ 성경읽기와 쓰기의 중요성과 필요성

① 성경은 하나님의 말씀이며 하나님의 계획을 담고 있기에, 읽고 쓰고 마음판에 새겨야 합니다.
② 성경은 우리를 향한 하나님의 사랑의 표현이기 때문에, 읽고 쓰고 마음판에 새겨야 합니다.
③ 성경은 우리를 구속하기 위한 하나님의 은혜이기 때문에, 읽고 쓰고 마음판에 새겨야 합니다.
④ 성경은 우리를 진리로 인도하기 때문에, 읽고 쓰고 마음판에 새겨야 합니다.
⑤ 성경을 읽고 쓰는 것은 모든 그리스도인들에게 선택이 아닌 필수입니다.

"이 율법책을 네 입에서 떠나지 말게 하며
주야로 그것을 묵상하여 그 안에 기록된 대로 다 지켜 행하라
그리하면 네 길이 평탄하게 될 것이며 네가 형통하리라"
(수 1:8)

손글씨 성경

에스라 Azra

여호와께서 고레스의 마음을 감동시키다

1 바사 왕 고레스 원년에 여호와께서 예
레미야의 입을 통하여 하신 말씀을 이
루게 하시려고 바사 왕 고레스의 마음을
감동시키시매 그가 온 나라에 공포도 하
고 조서도 내려 이르되

2 바사 왕 고레스는 말하노니 하늘의 하
나님 여호와께서 세상 모든 나라를 내게
주셨고 나에게 명령하사 유다 예루살렘
에 성전을 건축하라 하셨나니

3 이스라엘의 하나님은 참 신이시라 너
희 중에 그의 백성 된 자는 다 유다 예루
살렘으로 올라가서 이스라엘의 하나님
여호와의 성전을 건축하라 그는 예루살
렘에 계신 하나님이시라

4 그 남아 있는 백성이 어느 곳에 머물러
살든지 그 곳 사람들이 마땅히 은과 금과
그 밖의 물건과 짐승으로 도와 주고 그 외
에도 예루살렘에 세울 하나님의 성전을
위하여 예물을 기쁘게 드릴지니라 하였
더라

사로잡혀 간 백성이 돌아오다

5 이에 유다와 베냐민 족장들과 제사장
들과 레위 사람들과 그 마음이 하나님께
감동을 받고 올라가서 예루살렘에 여호
와의 성전을 건축하고자 하는 자가 다 일
어나니

여호와께서 고레스의 마음을 감동시키다

1

2

3

4

사로잡혀 간 백성이 돌아오다

5

6 그 사면 사람들이 은 그릇과 금과 물품
들과 짐승과 보물로 돕고 그 외에도 예물
을 기쁘게 드렸더라

7 고레스 왕이 또 여호와의 성전 그릇을
꺼내니 옛적에 느부갓네살이 예루살렘에
서 옮겨다가 자기 신들의 신당에 두었던
것이라

8 바사 왕 고레스가 창고지기 미드르닷
에게 명령하여 그 그릇들을 꺼내어 세어
서 유다 총독 세스바살에게 넘겨주니

9 그 수는 금 접시가 서른 개요 은 접시
가 천 개요 칼이 스물아홉 개요

10 금 대접이 서른 개요 그보다 못한 은
대접이 사백열 개요 그밖의 그릇이 천 개
이니

11 금, 은 그릇이 모두 오천사백 개라 사
로잡힌 자를 바벨론에서 예루살렘으로
데리고 갈 때에 세스바살이 그 그릇들을
다 가지고 갔더라

돌아온 사람들(느 7:4-73)

돌아온 사람들(느 7:4-73)

2 옛적에 바벨론 왕 느부갓네살에게 사
로잡혀 바벨론으로 갔던 자들의 자손
들 중에서 놓임을 받고 예루살렘과 유다
도로 돌아와 각기 각자의 성읍으로 돌아
간 자

2 곧 스룹바벨과 예수아와 느헤미야와
스라야와 르엘라야와 모르드개와 빌산과
미스발과 비그왜와 르훔과 바아나 등과
함께 나온 이스라엘 백성의 명수가 이러
하니

3 바로스 자손이 이천백칠십이 명이요	3
4 스바댜 자손이 삼백칠십이 명이요	4
5 아라 자손이 칠백칠십오 명이요	5
6 바핫모압 자손 곧 예수아와 요압 자손	6
이 이천팔백십이 명이요	
7 엘람 자손이 천이백오십사 명이요	7
8 삿두 자손이 구백사십오 명이요	8
9 삭개 자손이 칠백육십 명이요	9
10 바니 자손이 육백사십이 명이요	10
11 브배 자손이 육백이십삼 명이요	11
12 아스갓 자손이 천이백이십이 명이요	12
13 아도니감 자손이 육백육십육 명이요	13
14 비그왜 자손이 이천오십육 명이요	14
15 아딘 자손이 사백오십사 명이요	15
16 아델 자손 곧 히스기야 자손이 구십팔	16
명이요	
17 베새 자손이 삼백이십삼 명이요	17
18 요라 자손이 백십이 명이요	18
19 하숨 자손이 이백이십삼 명이요	19
20 깁발 자손이 구십오 명이요	20
21 베들레헴 사람이 백이십삼 명이요	21
22 느도바 사람이 오십육 명이요	22
23 아나돗 사람이 백이십팔 명이요	23
24 아스마웻 자손이 사십이 명이요	24
25 기랴다림과 그비라와 브에롯 자손이	25
칠백사십삼 명이요	
26 라마와 게바 자손이 육백이십일 명이	26
요	
27 믹마스 사람이 백이십이 명이요	27
28 벧엘과 아이 사람이 이백이십삼 명	28

이요	
29 느보 자손이 오십이 명이요	29
30 막비스 자손이 백오십육 명이요	30
31 다른 엘람 자손이 천이백오십사 명	31
이요	
32 하림 자손이 삼백이십 명이요	32
33 로드와 하딧과 오노 자손이 칠백이십	33
오 명이요	
34 여리고 자손이 삼백사십오 명이요	34
35 스나아 자손이 삼천육백삼십 명이었	35
더라	
36 제사장들은 예수아의 집 여다야 자손	36
이 구백칠십삼 명이요	
37 임멜 자손이 천오십이 명이요	37
38 바스훌 자손이 천이백사십칠 명이요	38
39 하림 자손이 천십칠 명이었더라	39
40 레위 사람은 호다위야 자손 곧 예수아	40
와 갓미엘 자손이 칠십사 명이요	
41 노래하는 자들은 아삽 자손이 백이십	41
팔 명이요	
42 문지기의 자손들은 살룸과 아델과 달	42
문과 악굽과 하디다와 소배 자손이 모두	
백삼십구 명이었더라	
43 느디님 사람들은 시하 자손과 하수바	43
자손과 답바옷 자손과	
44 게로스 자손과 시아하 자손과 바돈 자	44
손과	
45 르바나 자손과 하가바 자손과 악굽 자	45
손과	
46 하갑 자손과 사믈래 자손과 하난 자	46

손과
47 깃델 자손과 가할 자손과 르아야 자
손과
48 르신 자손과 느고다 자손과 갓삼 자
손과
49 웃사 자손과 바세아 자손과 베새 자
손과
50 아스나 자손과 므우님 자손과 느부심
자손과
51 박북 자손과 하그바 자손과 할훌 자
손과
52 바슬룻 자손과 므히다 자손과 하르사
자손과
53 바르고스 자손과 시스라 자손과 데마
자손과
54 느시야 자손과 하디바 자손이었더라
55 솔로몬의 신하의 자손은 소대 자손과
하소베렛 자손과 브루다 자손과
56 야알라 자손과 다르곤 자손과 깃델 자
손과
57 스바댜 자손과 하딜 자손과 보게렛하
스바임 자손과 아미 자손이니
58 모든 느디님 사람과 솔로몬의 신하의
자손이 삼백구십이 명이었더라
59 델멜라와 델하르사와 그룹과 앗단과
임멜에서 올라온 자가 있으나 그들의 조
상의 가문과 선조가 이스라엘에 속하였
는지 밝힐 수 없었더라
60 그들은 들라야 자손과 도비야 자손과
느고다 자손이라 모두 육백오십이 명이요

47
48
49
50
51
52
53
54
55
56
57
58
59
60

61 제사장 중에는 하바야 자손과 학고스
자손과 바르실래 자손이니 바르실래는
길르앗 사람 바르실래의 딸 중의 한 사람
을 아내로 삼고 바르실래의 이름을 따른
자라

62 이 사람들은 계보 중에서 자기 이름을
찾아도 얻지 못하므로 그들을 부정하게 여
겨 제사장의 직분을 행하지 못하게 하고

63 방백이 그들에게 명령하여 우림과 둠
밈을 가진 제사장이 일어나기 전에는 지
성물을 먹지 말라 하였느니라

64 온 회중의 합계가 사만 이천삼백육십
명이요

65 그 외에 남종과 여종이 칠천삼백삼십
칠 명이요 노래하는 남녀가 이백 명이요

66 말이 칠백삼십육이요 노새가 이백사
십오요

67 낙타가 사백삼십오요 나귀가 육천칠
백이십이었더라

68 어떤 족장들이 예루살렘에 있는 여호
와의 성전 터에 이르러 하나님의 전을 그
곳에 다시 건축하려고 예물을 기쁘게 드
리되

69 힘 자라는 대로 공사하는 금고에 들이
니 금이 육만 천 다릭이요 은이 오천 마네
요 제사장의 옷이 백 벌이었더라

70 이에 제사장들과 레위 사람들과 백성
몇과 노래하는 자들과 문지기들과 느디
님 사람들이 각자의 성읍에 살았고 이스
라엘 무리도 각자의 성읍에 살았더라

61

62

63

64

65

66

67

68

69

70

비로소 여호와께 번제를 드리다

3 이스라엘 자손이 각자의 성읍에 살았
더니 일곱째 달에 이르러 일제히 예
루살렘에 모인지라

2 요사닥의 아들 예수아와 그의 형제 제
사장들과 스알디엘의 아들 스룹바벨과
그의 형제들이 다 일어나 이스라엘 하나
님의 제단을 만들고 하나님의 사람 모세
의 율법에 기록한 대로 번제를 그 위에서
드리려 할새

3 무리가 모든 나라 백성을 두려워하여
제단을 그 터에 세우고 그 위에서 아침 저
녁으로 여호와께 번제를 드리며

4 기록된 규례대로 초막절을 지켜 번제
를 매일 정수대로 날마다 드리고

5 그 후에는 항상 드리는 번제와 초하루
와 여호와의 모든 거룩한 절기의 번제와
사람이 여호와께 기쁘게 드리는 예물을
드리되

6 일곱째 달 초하루부터 비로소 여호와
께 번제를 드렸으나 그 때에 여호와의 성
전 지대는 미처 놓지 못한지라

7 이에 석수와 목수에게 돈을 주고 또 시
돈 사람과 두로 사람에게 먹을 것과 마실
것과 기름을 주고 바사 왕 고레스의 명령
대로 백향목을 레바논에서 욥바 해변까
지 운송하게 하였더라

성전 건축을 시작하다

8 예루살렘에 있는 하나님의 성전에 이
른 지 이 년 둘째 달에 스알디엘의 아들

비로소 여호와께 번제를 드리다

3

2

3

4

5

6

7

성전 건축을 시작하다

8

스룹바벨과 요사닥의 아들 예수아와 다
른 형제 제사장들과 레위 사람들과 무릇
사로잡혔다가 예루살렘에 돌아온 자들이
공사를 시작하고 이십 세 이상의 레위 사
람들을 세워 여호와의 성전 공사를 감독
하게 하매

9 이에 예수아와 그의 아들들과 그의 형
제들과 갓미엘과 그의 아들들과 유다 자
손과 헤나닷 자손과 그의 형제 레위 사람
들이 일제히 일어나 하나님의 성전 일꾼
들을 감독하니라

9

10 건축자가 여호와의 성전의 기초를 놓
을 때에 제사장들은 예복을 입고 나팔을
들고 아삽 자손 레위 사람들은 제금을 들
고 서서 이스라엘 왕 다윗의 규례대로 여
호와를 찬송하되

10

11 찬양으로 화답하며 여호와께 감사하
여 이르되 주는 지극히 선하시므로 그의
인자하심이 이스라엘에게 영원하시도다
하니 모든 백성이 여호와의 성전 기초가
놓임을 보고 여호와를 찬송하며 큰 소리
로 즐거이 부르며

11

12 제사장들과 레위 사람들과 나이 많은
족장들은 첫 성전을 보았으므로 이제 이
성전의 기초가 놓임을 보고 대성통곡하
였으나 여러 사람은 기쁨으로 크게 함성
을 지르니

12

13 백성이 크게 외치는 소리가 멀리 들리
므로 즐거이 부르는 소리와 통곡하는 소
리를 백성들이 분간하지 못하였더라

13

성전 건축을 방해하는 사람들

4 사로잡혔던 자들의 자손이 이스라엘
의 하나님 여호와의 성전을 건축한다
함을 유다와 베냐민의 대적이 듣고
2 스룹바벨과 족장들에게 나아와 이르
되 우리도 너희와 함께 건축하게 하라 우
리도 너희 같이 너희 하나님을 찾노라 앗
수르 왕 에살핫돈이 우리를 이리로 오게
한 날부터 우리가 하나님께 제사를 드리
노라 하니
3 스룹바벨과 예수아와 기타 이스라엘
족장들이 이르되 우리 하나님의 성전을
건축하는 데 너희는 우리와 상관이 없느
니라 바사 왕 고레스가 우리에게 명령하
신 대로 우리가 이스라엘의 하나님 여호
와를 위하여 홀로 건축하리라 하였더니
4 이로부터 그 땅 백성이 유다 백성의 손
을 약하게 하여 그 건축을 방해하되
5 바사 왕 고레스의 시대부터 바사 왕 다
리오가 즉위할 때까지 관리들에게 뇌물
을 주어 그 계획을 막았으며
6 또 아하수에로가 즉위할 때에 그들이
글을 올려 유다와 예루살렘 주민을 고발
하니라
7 아닥사스다 때에 비슬람과 미드르닷과
다브엘과 그의 동료들이 바사 왕 아닥사
스다에게 글을 올렸으니 그 글은 아람 문
자와 아람 방언으로 써서 진술하였더라
8 방백 르훔과 서기관 심새가 아닥사스
다 왕에게 올려 예루살렘 백성을 고발한

성전 건축을 방해하는 사람들

4

2

3

4

5

6

7

8

그 글에

9 방백 르훔과 서기관 심새와 그의 동료
디나 사람과 아바삿 사람과 다블래 사람
과 아바새 사람과 아렉 사람과 바벨론 사
람과 수산 사람과 데해 사람과 엘람 사람
과

10 그 밖에 백성 곧 존귀한 오스납발이 사
마리아 성과 유브라데 강 건너편 다른 땅
에 옮겨 둔 자들과 함께 고발한다 하였더
라

11 아닥사스다 왕에게 올린 그 글의 초본
은 이러하니 강 건너편에 있는 신하들은

12 왕에게 아뢰나이다 당신에게서 우리
에게로 올라온 유다 사람들이 예루살렘
에 이르러 이 패역하고 악한 성읍을 건축
하는데 이미 그 기초를 수축하고 성곽을
건축하오니

13 이제 왕은 아시옵소서 만일 이 성읍을
건축하고 그 성곽을 완공하면 저 무리가
다시는 조공과 관세와 통행세를 바치지
아니하리니 결국 왕들에게 손해가 되리
이다

14 우리가 이제 왕궁의 소금을 먹으므로 왕
이 수치 당함을 차마 보지 못하여 사람을
보내어 왕에게 아뢰오니

15 왕은 조상들의 사기를 살펴보시면 그
사기에서 이 성읍은 패역한 성읍이라 예
로부터 그 중에서 항상 반역하는 일을 행
하여 왕들과 각 도에 손해가 된 것을 보시
고 아실지라 이 성읍이 무너짐도 이 때문

9

10

11

12

13

14

15

이니이다
16 이제 감히 왕에게 아뢰오니 이 성읍이
중건되어 성곽이 준공되면 이로 말미암
아 왕의 강 건너편 영지가 없어지리이다
하였더라
17 왕이 방백 르훔과 서기관 심새와 사마
리아에 거주하는 그들 동관들과 강 건너
편 다른 땅 백성에게 조서를 내리니 일렀
으되 너희는 평안할지어다
18 너희가 올린 글을 내 앞에서 낭독시키고
19 명령하여 살펴보니 과연 이 성읍이 예
로부터 왕들을 거역하며 그 중에서 항상
패역하고 반역하는 일을 행하였으며
20 옛적에는 예루살렘을 다스리는 큰 군
왕들이 있어서 강 건너편 모든 땅이 그들
에게 조공과 관세와 통행세를 다 바쳤도
다
21 이제 너희는 명령을 전하여 그 사람들
에게 공사를 그치게 하여 그 성을 건축하
지 못하게 하고 내가 다시 조서 내리기를
기다리라
22 너희는 삼가서 이 일에 게으르지 말라
어찌하여 화를 더하여 왕들에게 손해가
되게 하랴 하였더라
23 아닥사스다 왕의 조서 초본이 르훔과
서기관 심새와 그의 동료 앞에서 낭독되
매 그들이 예루살렘으로 급히 가서 유다
사람들을 보고 권력으로 억제하여 그 공
사를 그치게 하니
24 이에 예루살렘에서 하나님의 성전 공

사가 바사 왕 다리오 제이년까지 중단되
니라

성전 건축을 다시 시작하다

5 선지자들 곧 선지자 학개와 잇도의 손
자 스가랴가 이스라엘의 하나님의 이
름으로 유다와 예루살렘에 거주하는 유
다 사람들에게 예언하였더니

2 이에 스알디엘의 아들 스룹바벨과 요
사닥의 아들 예수아가 일어나 예루살렘
에 있던 하나님의 성전을 다시 건축하기
시작하매 하나님의 선지자들이 함께 있
어 그들을 돕더니

3 그 때에 유브라데 강 건너편 총독 닷드
내와 스달보스내와 그들의 동관들이 다
나아와 그들에게 이르되 누가 너희에게
명령하여 이 성전을 건축하고 이 성곽을
마치게 하였느냐 하기로

4 우리가 이 건축하는 자의 이름을 아뢰
었으나

5 하나님이 유다 장로들을 돌보셨으므
로 그들이 능히 공사를 막지 못하고 이 일
을 다리오에게 아뢰고 그 답장이 오기를
기다렸더라

6 유브라데 강 건너편 총독 닷드내와 스
달보스내와 그들의 동관인 유브라데 강
건너편 아바삭 사람이 다리오 왕에게 올
린 글의 초본은 이러하니라

7 그 글에 일렀으되 다리오 왕은 평안하
옵소서

8 왕께 아뢰옵나이다 우리가 유다 도에

성전 건축을 다시 시작하다

5

2

3

4

5

6

7

8

가서 지극히 크신 하나님의 성전에 나아
가 본즉 성전을 큰 돌로 세우며 벽에 나무
를 얹고 부지런히 일하므로 공사가 그 손
에서 형통하옵기에

9 우리가 그 장로들에게 물어보기를 누
가 너희에게 명령하여 이 성전을 건축하
고 이 성곽을 마치라고 하였느냐 하고

10 우리가 또 그 우두머리들의 이름을 적
어 왕에게 아뢰고자 하여 그들의 이름을
물은즉

11 그들이 우리에게 대답하여 이르기를
우리는 천지의 하나님의 종이라 예전에
건축되었던 성전을 우리가 다시 건축하
노라 이는 본래 이스라엘의 큰 왕이 건축
하여 완공한 것이었으나

12 우리 조상들이 하늘에 계신 하나님을
노엽게 하였으므로 하나님이 그들을 갈
대아 사람 바벨론 왕 느부갓네살의 손에
넘기시매 그가 이 성전을 헐며 이 백성을
사로잡아 바벨론으로 옮겼더니

13 바벨론 왕 고레스 원년에 고레스 왕이
조서를 내려 하나님의 이 성전을 다시 건
축하게 하고

14 또 느부갓네살이 예루살렘 하나님의
성전 안에서 금, 은 그릇을 옮겨다가 바벨
론 신당에 두었던 것을 고레스 왕이 그 신
당에서 꺼내어 그가 세운 총독 세스바살
이라고 부르는 자에게 내주고

15 일러 말하되 너는 이 그릇들을 가지고
가서 예루살렘 성전에 두고 하나님의 전

9
10
11
12
13
14
15

을 제자리에 건축하라 하매

16 이에 이 세스바살이 이르러 예루살렘
하나님의 성전 지대를 놓았고 그 때로부
터 지금까지 건축하여 오나 아직도 마치
지 못하였다 하였사오니

17 이제 왕께서 좋게 여기시거든 바벨론
에서 왕의 보물전각에서 조사하사 과연
고레스 왕이 조서를 내려 하나님의 이 성
전을 예루살렘에 다시 건축하라 하셨는
지 보시고 왕은 이 일에 대하여 왕의 기쁘
신 뜻을 우리에게 보이소서 하였더라

고레스의 조서와 다리오 왕의 명령

6 이에 다리오 왕이 조서를 내려 문서창
고 곧 바벨론의 보물을 쌓아둔 보물전
각에서 조사하게 하여

2 메대도 악메다 궁성에서 한 두루마리
를 찾았으니 거기에 기록하였으되

3 고레스 왕 원년에 조서를 내려 이르기
를 예루살렘에 있는 하나님의 성전에 대
하여 이르노니 이 성전 곧 제사 드리는 처
소를 건축하되 지대를 견고히 쌓고 그 성
전의 높이는 육십 규빗으로, 너비도 육십
규빗으로 하고

4 큰 돌 세 켜에 새 나무 한 켜를 놓으라
그 경비는 다 왕실에서 내리라

5 또 느부갓네살이 예루살렘 성전에서
탈취하여 바벨론으로 옮겼던 하나님의
성전 금, 은 그릇들을 돌려보내어 예루살
렘 성전에 가져다가 하나님의 성전 안 각
기 제자리에 둘지니라 하였더라

16

17

고레스의 조서와 다리오 왕의 명령

6

2

3

4

5

6 이제 유브라데 강 건너편 총독 닷드내
와 스달보스내와 너희 동관 유브라데 강
건너편 아바삭 사람들은 그 곳을 멀리하여

7 하나님의 성전 공사를 막지 말고 유다
총독과 장로들이 하나님의 이 성전을 제
자리에 건축하게 하라

8 내가 또 조서를 내려서 하나님의 이 성
전을 건축함에 대하여 너희가 유다 사람
의 장로들에게 행할 것을 알리노니 왕의
재산 곧 유브라데 강 건너편에서 거둔 세
금 중에서 그 경비를 이 사람들에게 끊임
없이 주어 그들로 멈추지 않게 하라

9 또 그들이 필요로 하는 것 곧 하늘의
하나님께 드릴 번제의 수송아지와 숫양과
어린 양과 또 밀과 소금과 포도주와 기름
을 예루살렘 제사장의 요구대로 어김없이
날마다 주어

10 그들이 하늘의 하나님께 향기로운 제
물을 드려 왕과 왕자들의 생명을 위하여
기도하게 하라

11 내가 또 명령을 내리노니 누구를 막론
하고 이 명령을 변조하면 그의 집에서 들
보를 빼내고 그를 그 위에 매어달게 하고
그의 집은 이로 말미암아 거름더미가 되
게 하라

12 만일 왕들이나 백성이 이 명령을 변조
하고 손을 들어 예루살렘 하나님의 성전
을 헐진대 그 곳에 이름을 두신 하나님이
그들을 멸하시기를 원하노라 나 다리오
가 조서를 내렸노니 신속히 행할지어다

6

7

8

9

10

11

12

하였더라

성전 봉헌

13 다리오 왕의 조서가 내리매 유브라데
강 건너편 총독 닷드내와 스달보스내와
그들의 동관들이 신속히 준행하니라
14 유다 사람의 장로들이 선지자 학개와
잇도의 손자 스가랴의 권면을 따랐으므
로 성전 건축하는 일이 형통한지라 이스
라엘 하나님의 명령과 바사 왕 고레스와
다리오와 아닥사스다의 조서를 따라 성
전을 건축하며 일을 끝내되
15 다리오 왕 제육년 아달월 삼일에 성전
일을 끝내니라
16 이스라엘 자손과 제사장들과 레위 사
람들과 기타 사로잡혔던 자의 자손이 즐
거이 하나님의 성전 봉헌식을 행하니
17 하나님의 성전 봉헌식을 행할 때에 수
소 백 마리와 숫양 이백 마리와 어린 양
사백 마리를 드리고 또 이스라엘 지파의
수를 따라 숫염소 열두 마리로 이스라엘
전체를 위하여 속죄제를 드리고
18 제사장을 그 분반대로, 레위 사람을 그
순차대로 세워 예루살렘에서 하나님을
섬기게 하되 모세의 책에 기록된 대로 하
게 하니라

유월절

19 사로잡혔던 자의 자손이 첫째 달 십사
일에 유월절을 지키되
20 제사장들과 레위 사람들이 일제히 몸
을 정결하게 하여 다 정결하매 사로잡혔

성전 봉헌
13
14
15
16
17
18
유월절
19
20

던 자들의 모든 자손과 자기 형제 제사장
들과 자기를 위하여 유월절 양을 잡으니

21 사로잡혔다가 돌아온 이스라엘 자손
과 자기 땅에 사는 이방 사람의 더러운 것
으로부터 스스로를 구별한 모든 이스라
엘 사람들에게 속하여 이스라엘의 하나
님 여호와를 찾는 자들이 다 먹고

22 즐거움으로 이레 동안 무교절을 지켰
으니 이는 여호와께서 그들을 즐겁게 하
시고 또 앗수르 왕의 마음을 그들에게로
돌려 이스라엘의 하나님이신 하나님의
성전 건축하는 손을 힘 있게 하도록 하셨
음이었더라

에스라가 예루살렘에 이르다

7 이 일 후에 바사 왕 아닥사스다가 왕
위에 있을 때에 에스라라 하는 자가
있으니라 그는 스라야의 아들이요 아사
랴의 손자요 힐기야의 증손이요

2 살룸의 현손이요 사독의 오대 손이요
아히둡의 육대 손이요

3 아마랴의 칠대 손이요 아사랴의 팔대
손이요 므라욧의 구대 손이요

4 스라히야의 십대 손이요 웃시엘의 십
일대 손이요 북기의 십이대 손이요

5 아비수아의 십삼대 손이요 비느하스
의 십사대 손이요 엘르아살의 십오대 손
이요 대제사장 아론의 십육대 손이라

6 이 에스라가 바벨론에서 올라왔으니
그는 이스라엘의 하나님 여호와께서 주
신 모세의 율법에 익숙한 학자로서 그의

21

22

에스라가 예루살렘에 이르다

7

2

3

4

5

6

하나님 여호와의 도우심을 입음으로 왕
에게 구하는 것은 다 받는 자이더니

7 아닥사스다 왕 제칠년에 이스라엘 자
손과 제사장들과 레위 사람들과 노래하
는 자들과 문지기들과 느디님 사람들 중
에 몇 사람이 예루살렘으로 올라올 때에

8 이 에스라가 올라왔으니 왕의 제칠년
다섯째 달이라

9 첫째 달 초하루에 바벨론에서 길을 떠
났고 하나님의 선한 손의 도우심을 입어
다섯째 달 초하루에 예루살렘에 이르니라

10 에스라가 여호와의 율법을 연구하여
준행하며 율례와 규례를 이스라엘에게 가
르치기로 결심하였었더라

아닥사스다 왕이 내린 조서

11 여호와의 계명의 말씀과 이스라엘에
게 주신 율례 학자요 학자 겸 제사장인 에
스라에게 아닥사스다 왕이 내린 조서의
초본은 아래와 같으니라

12 모든 왕의 왕 아닥사스다는 하늘의 하
나님의 율법에 완전한 학자 겸 제사장 에
스라에게

13 조서를 내리노니 우리 나라에 있는 이
스라엘 백성과 그들 제사장들과 레위 사
람들 중에 예루살렘으로 올라갈 뜻이 있
는 자는 누구든지 너와 함께 갈지어다

14 너는 네 손에 있는 네 하나님의 율법을
따라 유다와 예루살렘의 형편을 살피기
위하여 왕과 일곱 자문관의 보냄을 받았
으니

7
8
9
10
아닥사스다 왕이 내린 조서
11
12
13
14

15 왕과 자문관들이 예루살렘에 거하시
는 이스라엘 하나님께 성심으로 드리는
은금을 가져가고
16 또 네가 바벨론 온 도에서 얻을 모든
은금과 및 백성과 제사장들이 예루살렘
에 있는 그들의 하나님의 성전을 위하여
기쁘게 드릴 예물을 가져다가
17 그들의 돈으로 수송아지와 숫양과 어
린 양과 그 소제와 그 전제의 물품을 신속
히 사서 예루살렘 네 하나님의 성전 제단
위에 드리고
18 그 나머지 은금은 너와 너의 형제가 좋
게 여기는 일에 너희 하나님의 뜻을 따라
쓸지며
19 네 하나님의 성전에서 섬기는 일을 위
하여 네게 준 그릇은 예루살렘 하나님 앞
에 드리고
20 그 외에도 네 하나님의 성전에 쓰일 것
이 있어서 네가 드리고자 하거든 무엇이
든지 궁중창고에서 내다가 드릴지니라
21 나 곧 아닥사스다 왕이 유브라데 강 건
너편 모든 창고지기에게 조서를 내려 이
르기를 하늘의 하나님의 율법 학자 겸 제
사장 에스라가 무릇 너희에게 구하는 것
을 신속히 시행하되
22 은은 백 달란트까지, 밀은 백 고르까
지, 포도주는 백 밧까지, 기름도 백 밧까
지 하고 소금은 정량 없이 하라
23 무릇 하늘의 하나님의 전을 위하여 하
늘의 하나님이 명령하신 것은 삼가 행하

15

16

17

18

19

20

21

22

23

라 어찌하여 진노가 왕과 왕자의 나라에
임하게 하랴

24 내가 너희에게 이르노니 제사장들이
나 레위 사람들이나 노래하는 자들이나
문지기들이나 느디님 사람들이나 혹 하
나님의 성전에서 일하는 자들에게 조공
과 관세와 통행세를 받는 것이 옳지 않으
니라 하였노라

25 에스라여 너는 네 손에 있는 네 하나님
의 지혜를 따라 네 하나님의 율법을 아는
자를 법관과 재판관을 삼아 강 건너편 모
든 백성을 재판하게 하고 그 중 알지 못하
는 자는 너희가 가르치라

26 무릇 네 하나님의 명령과 왕의 명령을
준행하지 아니하는 자는 속히 그 죄를 정
하여 혹 죽이거나 귀양 보내거나 가산을
몰수하거나 옥에 가둘지니라 하였더라

에스라가 여호와를 송축하다

27 우리 조상들의 하나님 여호와를 송축
할지로다 그가 왕의 마음에 예루살렘 여
호와의 성전을 아름답게 할 뜻을 두시고
28 또 나로 왕과 그의 보좌관들 앞과 왕의
권세 있는 모든 방백의 앞에서 은혜를 얻
게 하셨도다 내 하나님 여호와의 손이 내
위에 있으므로 내가 힘을 얻어 이스라엘
중에 우두머리들을 모아 나와 함께 올라
오게 하였노라

에스라와 함께 돌아온 백성들

8 아닥사스다 왕이 왕위에 있을 때에
나와 함께 바벨론에서 올라온 족장들

24
25
26
에스라가 여호와를 송축하다
27
28
에스라와 함께 돌아온 백성들
8

과 그들의 계보는 이러하니라

2 비느하스 자손 중에서는 게르솜이요
이다말 자손 중에서는 다니엘이요 다윗
자손 중에서는 핫두스요

3 스가냐 자손 곧 바로스 자손 중에서는
스가랴니 그와 함께 족보에 기록된 남자
가 백오십 명이요

4 바핫모압 자손 중에서는 스라히야의
아들 엘여호에내니 그와 함께 있는 남자
가 이백 명이요

5 스가냐 자손 중에서는 야하시엘의 아
들이니 그와 함께 있는 남자가 삼백 명이
요

6 아딘 자손 중에서는 요나단의 아들 에벳
이니 그와 함께 있는 남자가 오십 명이요

7 엘람 자손 중에서는 아달리야의 아들
여사야니 그와 함께 있는 남자가 칠십 명
이요

8 스바댜 자손 중에서는 미가엘의 아들
스바댜니 그와 함께 있는 남자가 팔십 명
이요

9 요압 자손 중에서는 여히엘의 아들 오
바댜니 그와 함께 있는 남자가 이백십팔
명이요

10 슬로밋 자손 중에서는 요시뱌의 아들
이니 그와 함께 있는 남자가 백육십 명이
요

11 베배 자손 중에서는 베배의 아들 스가
랴니 그와 함께 있는 남자가 이십팔 명이
요

12 아스갓 자손 중에서는 학가단의 아들
요하난이니 그와 함께 있는 남자가 백십
명이요

13 아도니감 자손 중에 나중된 자의 이름
은 엘리벨렛과 여우엘과 스마야니 그와
함께 있는 남자가 육십 명이요

14 비그왜 자손 중에서는 우대와 사붓이
니 그와 함께 있는 남자가 칠십 명이었느
니라

에스라가 레위 사람을 찾다

15 내가 무리를 아하와로 흐르는 강 가에
모으고 거기서 삼 일 동안 장막에 머물며
백성과 제사장들을 살핀즉 그 중에 레위
자손이 한 사람도 없는지라

16 이에 모든 족장 곧 엘리에셀과 아리엘
과 스마야와 엘라단과 야립과 엘라단과
나단과 스가랴와 므술람을 부르고 또 명
철한 사람 요야립과 엘라단을 불러

17 가시뱌 지방으로 보내어 그 곳 족장 잇
도에게 나아가게 하고 잇도와 그의 형제
곧 가시뱌 지방에 사는 느디님 사람들에
게 할 말을 일러 주고 우리 하나님의 성전
을 위하여 섬길 자를 데리고 오라 하였더
니

18 우리 하나님의 선한 손의 도우심을 입
고 그들이 이스라엘의 손자 레위의 아들
말리의 자손 중에서 한 명철한 사람을 데
려오고 또 세레뱌와 그의 아들들과 형제
십팔 명과

19 하사뱌와 므라리 자손 중 여사야와 그

12

13

14

에스라가 레위 사람을 찾다

15

16

17

18

19

의 형제와 그의 아들들 이십 명을 데려오
고

20 다윗과 방백들이 레위 사람들을 섬기
라고 준 느디님 사람 중 성전 일꾼은 이백
이십 명이었는데 그들은 모두 지명 받은
이들이었더라

에스라가 금식하며 간구하다

21 그 때에 내가 아하와 강 가에서 금식을
선포하고 우리 하나님 앞에서 스스로 겸
비하여 우리와 우리 어린 아이와 모든 소
유를 위하여 평탄한 길을 그에게 간구하
였으니

22 이는 우리가 전에 왕에게 아뢰기를 우
리 하나님의 손은 자기를 찾는 모든 자에
게 선을 베푸시고 자기를 배반하는 모든
자에게는 권능과 진노를 내리신다 하였
으므로 길에서 적군을 막고 우리를 도울
보병과 마병을 왕에게 구하기를 부끄러
워 하였음이라

23 그러므로 우리가 이를 위하여 금식하
며 우리 하나님께 간구하였더니 그의 응
낙하심을 입었느니라

성전에 바친 예물

24 그 때에 내가 제사장의 우두머리들 중
열두 명 곧 세레뱌와 하사뱌와 그의 형제
열 명을 따로 세우고

25 그들에게 왕과 모사들과 방백들과 또
그 곳에 있는 이스라엘 무리가 우리 하나
님의 성전을 위하여 드린 은과 금과 그릇
들을 달아서 주었으니

20
에스라가 금식하며 간구하다
21
22
23
성전에 바친 예물
24
25

26 내가 달아서 그들 손에 준 것은 은이
육백오십 달란트요 은 그릇이 백 달란트
요 금이 백 달란트며

27 또 금잔이 스무 개라 그 무게는 천 다
릭이요 또 아름답고 빛나 금 같이 보배로
운 놋 그릇이 두 개라

28 내가 그들에게 이르되 너희는 여호와
께 거룩한 자요 이 그릇들도 거룩하고 그
은과 금은 너희 조상들의 하나님 여호와
께 즐거이 드린 예물이니

29 너희는 예루살렘 여호와의 성전 골방
에 이르러 제사장들과 레위 사람의 우두
머리들과 이스라엘의 족장들 앞에서 이
그릇을 달기까지 삼가 지키라

30 이에 제사장들과 레위 사람들이 은과
금과 그릇을 예루살렘 우리 하나님의 성
전으로 가져가려 하여 그 무게대로 받으
니라

에스라가 예루살렘으로 돌아오다

31 첫째 달 십이 일에 우리가 아하와 강을
떠나 예루살렘으로 갈새 우리 하나님의
손이 우리를 도우사 대적과 길에 매복한
자의 손에서 건지신지라

32 이에 예루살렘에 이르러 거기서 삼 일
간 머물고

33 제사일에 우리 하나님의 성전에서 은
과 금과 그릇을 달아서 제사장 우리아의
아들 므레못의 손에 넘기니 비느하스의
아들 엘르아살과 레위 사람 예수아의 아
들 요사밧과 빈누이의 아들 노아댜가 함

26

27

28

29

30

에스라가 예루살렘으로 돌아오다

31

32

33

께 있어
34 모든 것을 다 세고 달아 보고 그 무게
의 총량을 그 때에 기록하였느니라
35 사로잡혔던 자의 자손 곧 이방에서 돌
아온 자들이 이스라엘의 하나님께 번제
를 드렸는데 이스라엘 전체를 위한 수송
아지가 열두 마리요 또 숫양이 아흔여섯
마리요 어린 양이 일흔일곱 마리요 또 속
죄제의 숫염소가 열두 마리니 모두 여호
와께 드린 번제물이라
36 무리가 또 왕의 조서를 왕의 총독들과
유브라데 강 건너편 총독들에게 넘겨 주
매 그들이 백성과 하나님의 성전을 도왔
느니라

에스라의 회개 기도

9 이 일 후에 방백들이 내게 나아와 이
르되 이스라엘 백성과 제사장들과 레
위 사람들이 이 땅 백성들에게서 떠나지
아니하고 가나안 사람들과 헷 사람들과
브리스 사람들과 여부스 사람들과 암몬
사람들과 모압 사람들과 애굽 사람들과
아모리 사람들의 가증한 일을 행하여
2 그들의 딸을 맞이하여 아내와 며느리
로 삼아 거룩한 자손이 그 지방 사람들과
서로 섞이게 하는데 방백들과 고관들이
이 죄에 더욱 으뜸이 되었다 하는지라
3 내가 이 일을 듣고 속옷과 겉옷을 찢고
머리털과 수염을 뜯으며 기가 막혀 앉으
니
4 이에 이스라엘의 하나님의 말씀으로

34
35
36
에스라의 회개 기도
9
2
3
4

말미암아 떠는 자가 사로잡혔던 이 사람
들의 죄 때문에 다 내게로 모여오더라 내
가 저녁 제사 드릴 때까지 기가 막혀 앉았
더니

5 저녁 제사를 드릴 때에 내가 근심 중에
일어나서 속옷과 겉옷을 찢은 채 무릎을
꿇고 나의 하나님 여호와를 향하여 손을
들고

6 말하기를 나의 하나님이여 내가 부끄
럽고 낯이 뜨거워서 감히 나의 하나님을
향하여 얼굴을 들지 못하오니 이는 우리
죄악이 많아 정수리에 넘치고 우리 허물
이 커서 하늘에 미침이니이다

7 우리 조상들의 때로부터 오늘까지 우
리의 죄가 심하매 우리의 죄악으로 말미
암아 우리와 우리 왕들과 우리 제사장들
을 여러 나라 왕들의 손에 넘기사 칼에 죽
으며 사로잡히며 노략을 당하며 얼굴을
부끄럽게 하심이 오늘날과 같으니이다

8 이제 우리 하나님 여호와께서 우리에
게 잠시 동안 은혜를 베푸사 얼마를 남겨
두어 피하게 하신 우리를 그 거룩한 처소
에 박힌 못과 같게 하시고 우리 하나님이
우리 눈을 밝히사 우리가 종노릇 하는 중
에서 조금 소생하게 하셨나이다

9 우리가 비록 노예가 되었사오나 우리
하나님이 우리를 그 종살이하는 중에 버
려 두지 아니하시고 바사 왕들 앞에서 우
리가 불쌍히 여김을 입고 소생하여 우리
하나님의 성전을 세우게 하시며 그 무너

5

6

7

8

9

진 것을 수리하게 하시며 유다와 예루살
렘에서 우리에게 울타리를 주셨나이다

10 우리 하나님이여 이렇게 하신 후에도
우리가 주의 계명을 저버렸사오니 이제
무슨 말씀을 하오리이까

11 전에 주께서 주의 종 선지자들에게 명
령하여 이르시되 너희가 가서 얻으려 하
는 땅은 더러운 땅이니 이는 이방 백성들
이 더럽고 가증한 일을 행하여 이 끝에서
저 끝까지 그 더러움으로 채웠음이라

12 그런즉 너희 여자들을 그들의 아들들
에게 주지 말고 그들의 딸들을 너희 아들
들을 위하여 데려오지 말며 그들을 위하여
평화와 행복을 영원히 구하지 말라 그리하
면 너희가 왕성하여 그 땅의 아름다운 것
을 먹으며 그 땅을 자손에게 물려 주어 영
원한 유산으로 물려 주게 되리라 하셨나이
다

13 우리의 악한 행실과 큰 죄로 말미암아
이 모든 일을 당하였사오나 우리 하나님
이 우리 죄악보다 형벌을 가볍게 하시고
이만큼 백성을 남겨 주셨사오니

14 우리가 어찌 다시 주의 계명을 거역하
고 이 가증한 백성들과 통혼하오리이까
그리하면 주께서 어찌 우리를 멸하시고
남아 피할 자가 없도록 진노하시지 아니
하시리이까

15 이스라엘의 하나님 여호와여 주는 의
로우시니 우리가 남아 피한 것이 오늘날
과 같사옵거늘 도리어 주께 범죄하였사

오니 이로 말미암아 주 앞에 한 사람도 감
히 서지 못하겠나이다 하니라

이방 아내와 그 소생을 내쫓기로 하다

이방 아내와 그 소생을 내쫓기로 하다

10 에스라가 하나님의 성전 앞에 엎
드려 울며 기도하여 죄를 자복할
때에 많은 백성이 크게 통곡하매 이스라
엘 중에서 백성의 남녀와 어린 아이의 큰
무리가 그 앞에 모인지라

2 엘람 자손 중 여히엘의 아들 스가냐가
에스라에게 이르되 우리가 우리 하나님
께 범죄하여 이 땅 이방 여자를 맞이하여
아내로 삼았으나 이스라엘에게 아직도
소망이 있나니

3 곧 내 주의 교훈을 따르며 우리 하나님
의 명령을 떨며 준행하는 자의 가르침을
따라 이 모든 아내와 그들의 소생을 다 내
보내기로 우리 하나님과 언약을 세우고
율법대로 행할 것이라

4 이는 당신이 주장할 일이니 일어나소서
우리가 도우리니 힘써 행하소서 하니라

5 이에 에스라가 일어나 제사장들과 레
위 사람들과 온 이스라엘에게 이 말대로
행하기를 맹세하게 하매 무리가 맹세하
는지라

6 이에 에스라가 하나님의 성전 앞에서
일어나 엘리아십의 아들 여호하난의 방
으로 들어가니라 그가 들어가서 사로잡
혔던 자들의 죄를 근심하여 음식도 먹지
아니하며 물도 마시지 아니하더니

7 유다와 예루살렘에 사로잡혔던 자들

의 자손들에게 공포하기를 너희는 예루
살렘으로 모이라
8 누구든지 방백들과 장로들의 훈시를
따라 삼일 내에 오지 아니하면 그의 재산
을 적몰하고 사로잡혔던 자의 모임에서
쫓아내리라 하매
9 유다와 베냐민 모든 사람들이 삼 일 내
에 예루살렘에 모이니 때는 아홉째 달 이
십일이라 무리가 하나님의 성전 앞 광장
에 앉아서 이 일과 큰 비 때문에 떨고 있
더니
10 제사장 에스라가 일어나 그들에게 이
르되 너희가 범죄하여 이방 여자를 아내로
삼아 이스라엘의 죄를 더하게 하였으니
11 이제 너희 조상들의 하나님 앞에서 죄
를 자복하고 그의 뜻대로 행하여 그 지방
사람들과 이방 여인을 끊어 버리라 하니
12 모든 회중이 큰 소리로 대답하여 이르
되 당신의 말씀대로 우리가 마땅히 행할
것이니이다
13 그러나 백성이 많고 또 큰 비가 내리는
때니 능히 밖에 서지 못할 것이요 우리가
이 일로 크게 범죄하였은즉 하루 이틀에
할 일이 아니오니
14 이제 온 회중을 위하여 우리의 방백들
을 세우고 우리 모든 성읍에 이방 여자에
게 장가든 자는 다 기한에 각 고을의 장로
들과 재판장과 함께 오게 하여 이 일로 인
한 우리 하나님의 진노가 우리에게서 떠
나게 하소서 하나

8

9

10

11

12

13

14

15 오직 아사헬의 아들 요나단과 디과의 아들 야스야가 일어나 그 일을 반대하고 므술람과 레위 사람 삽브대가 그들을 돕더라

16 사로잡혔던 자들의 자손이 그대로 한지라 제사장 에스라가 그 종족을 따라 각각 지명된 족장들 몇 사람을 선임하고 열째 달 초하루에 앉아 그 일을 조사하여

17 첫째 달 초하루에 이르러 이방 여인을 아내로 맞이한 자의 일 조사하기를 마치니라

이방 여자와 결혼한 남자들

18 제사장의 무리 중에 이방 여인을 아내로 맞이한 자는 예수아 자손 중 요사닥의 아들과 그의 형제 마아세야와 엘리에셀과 야립과 그달랴라

19 그들이 다 손을 잡아 맹세하여 그들의 아내를 내보내기로 하고 또 그 죄로 말미암아 숫양 한 마리를 속건제로 드렸으며

20 또 임멜 자손 중에서는 하나니와 스바댜요

21 하림 자손 중에서는 마아세야와 엘리야와 스마야와 여히엘과 웃시야요

22 바스훌 자손 중에서는 엘료에내와 마아세야와 이스마엘과 느다넬과 요사밧과 엘라사였더라

23 레위 사람 중에서는 요사밧과 시므이와 글라야라 하는 글리다와 브다히야와 유다와 엘리에셀이었더라

24 노래하는 자 중에서는 엘리아십이요

15

16

17

이방 여자와 결혼한 남자들

18

19

20

21

22

23

24

문지기 중에서는 살룸과 델렘과 우리였	
더라	
25 이스라엘 중에서는 바로스 자손 중에	25
서는 라먀와 잇시야와 말기야와 미야민	
과 엘르아살과 말기야와 브나야요	
26 엘람 자손 중에서는 맛다냐와 스가랴	26
와 여히엘과 압디와 여레못과 엘리야요	
27 삿두 자손 중에서는 엘료에내와 엘리	27
아십과 맛다냐와 여레못과 사밧과 아시	
사요	
28 베배 자손 중에서는 여호하난과 하나	28
냐와 삽배와 아들래요	
29 바니 자손 중에서는 므술람과 말룩과	29
아다야와 야숩과 스알과 여레못이요	
30 바핫모압 자손 중에서는 앗나와 글랄	30
과 브나야와 마아세야와 맛다냐와 브살	
렐과 빈누이와 므낫세요	
31 하림 자손 중에서는 엘리에셀과 잇시	31
야와 말기야와 스마야와 시므온과	
32 베냐민과 말룩과 스마랴요	32
33 하숨 자손 중에서는 맛드내와 맛닷다	33
와 사밧과 엘리벨렛과 여레매와 므낫세	
와 시므이요	
34 바니 자손 중에서는 마아대와 아므람	34
과 우엘과	
35 브나야와 베드야와 글루히와	35
36 와냐와 므레못과 에랴십과	36
37 맛다냐와 맛드내와 야아수와	37
38 바니와 빈누이와 시므이와	38
39 셀레먀와 나단과 아다야와	39

40 막나드배와 사새와 사래와

41 아사렐과 셀레먀와 스마랴와

42 살룸과 아마랴와 요셉이요

43 느보 자손 중에서는 여이엘과 맛디디
야와 사밧과 스비내와 잇도와 요엘과 브
나야더라

44 이상은 모두 이방 여인을 아내로 맞이
한 자라 그 중에는 자녀를 낳은 여인도 있
었더라

40

41

42

43

44

손글씨 성경

느헤미야 Nehemiah

느헤미야가 예루살렘을 두고 기도하다

1 하가랴의 아들 느헤미야의 말이라
아닥사스다 왕 제이십년 기슬르월에
내가 수산 궁에 있는데
2 내 형제들 가운데 하나인 하나니가 두
어 사람과 함께 유다에서 내게 이르렀기
로 내가 그 사로잡힘을 면하고 남아 있는
유다와 예루살렘 사람들의 형편을 물은
즉
3 그들이 내게 이르되 사로잡힘을 면하
고 남아 있는 자들이 그 지방 거기에서 큰
환난을 당하고 능욕을 받으며 예루살렘
성은 허물어지고 성문들은 불탔다 하는
지라
4 내가 이 말을 듣고 앉아서 울고 수일
동안 슬퍼하며 하늘의 하나님 앞에 금식
하며 기도하여
5 이르되 하늘의 하나님 여호와 크고 두
려우신 하나님이여 주를 사랑하고 주의
계명을 지키는 자에게 언약을 지키시며
긍휼을 베푸시는 주여 간구하나이다
6 이제 종이 주의 종들인 이스라엘 자손
을 위하여 주야로 기도하오며 우리 이스
라엘 자손이 주께 범죄한 죄들을 자복하
오니 주는 귀를 기울이시며 눈을 여시사
종의 기도를 들으시옵소서 나와 내 아버
지의 집이 범죄하여

느헤미야가 예루살렘을 두고 기도하다

1

2

3

4

5

6

7 주를 향하여 크게 악을 행하여 주께서
주의 종 모세에게 명령하신 계명과 율례
와 규례를 지키지 아니하였나이다

8 옛적에 주께서 주의 종 모세에게 명령
하여 이르시되 만일 너희가 범죄하면 내
가 너희를 여러 나라 가운데에 흩을 것이
요

9 만일 내게로 돌아와 내 계명을 지켜 행
하면 너희 쫓긴 자가 하늘 끝에 있을지라
도 내가 거기서부터 그들을 모아 내 이름
을 두려고 택한 곳에 돌아오게 하리라 하
신 말씀을 이제 청하건대 기억하옵소서

10 이들은 주께서 일찍이 큰 권능과 강한
손으로 구속하신 주의 종들이요 주의 백
성이니이다

11 주여 구하오니 귀를 기울이사 종의 기
도와 주의 이름을 경외하기를 기뻐하는
종들의 기도를 들으시고 오늘 종이 형통
하여 이 사람 앞에서 은혜를 입게 하옵소
서 하였나니 그 때에 내가 왕의 술 관원이
되었느니라

느헤미야가 예루살렘으로 가다

2 아닥사스다 왕 제이십년 니산월에 왕
앞에 포도주가 있기로 내가 그 포도
주를 왕에게 드렸는데 이전에는 내가 왕
앞에서 수심이 없었더니

2 왕이 내게 이르시되 네가 병이 없거늘
어찌하여 얼굴에 수심이 있느냐 이는 필
연 네 마음에 근심이 있음이로다 하더라
그 때에 내가 크게 두려워하여

7

8

9

10

11

느헤미야가 예루살렘으로 가다

2

2

3 왕께 대답하되 왕은 만세수를 하옵소
서 내 조상들의 묘실이 있는 성읍이 이제
까지 황폐하고 성문이 불탔사오니 내가
어찌 얼굴에 수심이 없사오리이까 하니

4 왕이 내게 이르시되 그러면 네가 무엇
을 원하느냐 하시기로 내가 곧 하늘의 하
나님께 묵도하고

5 왕에게 아뢰되 왕이 만일 좋게 여기시
고 종이 왕의 목전에서 은혜를 얻었사오
면 나를 유다 땅 나의 조상들의 묘실이 있
는 성읍에 보내어 그 성을 건축하게 하옵
소서 하였는데

6 그 때에 왕후도 왕 곁에 앉아 있었더라
왕이 내게 이르시되 네가 몇 날에 다녀올
길이며 어느 때에 돌아오겠느냐 하고 왕이
나를 보내기를 좋게 여기시기로 내가 기한
을 정하고

7 내가 또 왕에게 아뢰되 왕이 만일 좋게
여기시거든 강 서쪽 총독들에게 내리시는
조서를 내게 주사 그들이 나를 용납하여
유다에 들어가기까지 통과하게 하시고

8 또 왕의 삼림 감독 아삽에게 조서를 내
리사 그가 성전에 속한 영문의 문과 성곽
과 내가 들어갈 집을 위하여 들보로 쓸 재
목을 내게 주게 하옵소서 하매 내 하나님
의 선한 손이 나를 도우시므로 왕이 허락
하고

9 군대 장관과 마병을 보내어 나와 함께
하게 하시기로 내가 강 서쪽에 있는 총독
들에게 이르러 왕의 조서를 전하였더니

3

4

5

6

7

8

9

10 호론 사람 산발랏과 종이었던 암몬 사
람 도비야가 이스라엘 자손을 흥왕하게
하려는 사람이 왔다 함을 듣고 심히 근심
하더라

11 내가 예루살렘에 이르러 머무른 지 사
흘 만에

12 내 하나님께서 예루살렘을 위해 무엇
을 할 것인지 내 마음에 주신 것을 내가
아무에게도 말하지 아니하고 밤에 일어
나 몇몇 사람과 함께 나갈새 내가 탄 짐승
외에는 다른 짐승이 없더라

13 그 밤에 골짜기 문으로 나가서 용정으
로 분문에 이르는 동안에 보니 예루살렘
성벽이 다 무너졌고 성문은 불탔더라

14 앞으로 나아가 샘문과 왕의 못에 이르
러서는 탄 짐승이 지나갈 곳이 없는지라

15 그 밤에 시내를 따라 올라가서 성벽을
살펴본 후에 돌아서 골짜기 문으로 들어
와 돌아왔으나

16 방백들은 내가 어디 갔었으며 무엇을
하였는지 알지 못하였고 나도 그 일을 유
다 사람들에게나 제사장들에게나 귀족들
에게나 방백들에게나 그 외에 일하는 자
들에게 알리지 아니하다가

17 후에 그들에게 이르기를 우리가 당한
곤경은 너희도 보고 있는 바라 예루살렘
이 황폐하고 성문이 불탔으니 자, 예루살
렘 성을 건축하여 다시 수치를 당하지 말
자 하고

18 또 그들에게 하나님의 선한 손이 나를

10

11

12

13

14

15

16

17

18

도우신 일과 왕이 내게 이른 말씀을 전하
였더니 그들의 말이 일어나 건축하자 하
고 모두 힘을 내어 이 선한 일을 하려 하매

19 호론 사람 산발랏과 종이었던 암몬 사
람 도비야와 아라비아 사람 게셈이 이 말
을 듣고 우리를 업신여기고 우리를 비웃
어 이르되 너희가 하는 일이 무엇이냐 너
희가 왕을 배반하고자 하느냐 하기로

20 내가 그들에게 대답하여 이르되 하늘
의 하나님이 우리를 형통하게 하시리니
그의 종들인 우리가 일어나 건축하려니와
오직 너희에게는 예루살렘에서 아무 기업
도 없고 권리도 없고 기억되는 바도 없다
하였느니라

예루살렘 성벽 중수

3 그 때에 대제사장 엘리아십이 그의
형제 제사장들과 함께 일어나 양문을
건축하여 성별하고 문짝을 달고 또 성벽
을 건축하여 함메아 망대에서부터 하나
넬 망대까지 성별하였고

2 그 다음은 여리고 사람들이 건축하였
고 또 그 다음은 이므리의 아들 삭굴이 건
축하였으며

3 어문은 하스나아의 자손들이 건축하
여 그 들보를 얹고 문짝을 달고 자물쇠와
빗장을 갖추었고

4 그 다음은 학고스의 손자 우리아의 아
들 므레못이 중수하였고 그 다음은 므세
사벨의 손자 베레갸의 아들 므술람이 중
수하였고 그 다음은 바아나의 아들 사독

19
20
예루살렘 성벽 중수
3
2
3
4

이 중수하였고

5 그 다음은 드고아 사람들이 중수하였
으나 그 귀족들은 그들의 주인들의 공사
를 분담하지 아니하였으며

6 옛 문은 바세아의 아들 요야다와 브소
드야의 아들 므술람이 중수하여 그 들보
를 얹고 문짝을 달고 자물쇠와 빗장을 갖
추었고

7 그 다음은 기브온 사람 믈라댜와 메로
놋 사람 야돈이 강 서쪽 총독의 관할에 속
한 기브온 사람들 및 미스바 사람들과 더
불어 중수하였고

8 그 다음은 금장색 할해야의 아들 웃시
엘 등이 중수하였고 그 다음은 향품 장사
하나냐 등이 중수하되 그들이 예루살렘
의 넓은 성벽까지 하였고

9 그 다음은 예루살렘 지방의 절반을 다
스리는 후르의 아들 르바야가 중수하였고

10 그 다음은 하루맙의 아들 여다야가 자
기 집과 마주 대한 곳을 중수하였고 그 다
음은 하삽느야의 아들 핫두스가 중수하
였고

11 하림의 아들 말기야와 바핫모압의 아
들 핫숩이 한 부분과 화덕 망대를 중수하
였고

12 그 다음은 예루살렘 지방 절반을 다스
리는 할로헤스의 아들 살룸과 그의 딸들
이 중수하였고

13 골짜기 문은 하눈과 사노아 주민이 중
수하여 문을 세우며 문짝을 달고 자물쇠

5

6

7

8

9

10

11

12

13

와 빗장을 갖추고 또 분문까지 성벽 천 규
빗을 중수하였고

14 분문은 벧학게렘 지방을 다스리는 레
갑의 아들 말기야가 중수하여 문을 세우
며 문짝을 달고 자물쇠와 빗장을 갖추었
고

15 샘문은 미스바 지방을 다스리는 골호
세의 아들 살룬이 중수하여 문을 세우고
덮었으며 문짝을 달고 자물쇠와 빗장을
갖추고 또 왕의 동산 근처 셀라 못 가의
성벽을 중수하여 다윗 성에서 내려오는
층계까지 이르렀고

16 그 다음은 벧술 지방 절반을 다스리는
아스북의 아들 느헤미야가 중수하여 다윗
의 묘실과 마주 대한 곳에 이르고 또 파서
만든 못을 지나 용사의 집까지 이르렀고

17 그 다음은 레위 사람 바니의 아들 르훔
이 중수하였고 그 다음은 그일라 지방 절
반을 다스리는 하사뱌가 그 지방을 대표
하여 중수하였고

18 그 다음은 그들의 형제들 가운데 그일
라 지방 절반을 다스리는 헤나닷의 아들
바왜가 중수하였고

19 그 다음은 미스바를 다스리는 예수아
의 아들 에셀이 한 부분을 중수하여 성 굽
이에 있는 군기고 맞은편까지 이르렀고

20 그 다음은 삽배의 아들 바룩이 한 부분
을 힘써 중수하여 성 굽이에서부터 대제
사장 엘리아십의 집 문에 이르렀고

21 그 다음은 학고스의 손자 우리야의 아

들 므레못이 한 부분을 중수하여 엘리아
십의 집 문에서부터 엘리아십의 집 모퉁
이에 이르렀고

22 그 다음은 평지에 사는 제사장들이 중
수하였고

23 그 다음은 베냐민과 핫숩이 자기 집 맞
은편 부분을 중수하였고 그 다음은 아나
냐의 손자 마아세야의 아들 아사랴가 자
기 집에서 가까운 부분을 중수하였고

24 그 다음은 헤나닷의 아들 빈누이가 한
부분을 중수하되 아사랴의 집에서부터
성 굽이를 지나 성 모퉁이에 이르렀고

25 우새의 아들 발랄은 성 굽이 맞은편과
왕의 윗 궁에서 내민 망대 맞은편 곧 시위
청에서 가까운 부분을 중수하였고 그 다
음은 바로스의 아들 브다야가 중수하였고

26 (그 때에 느디님 사람은 오벨에 거주하
여 동쪽 수문과 마주 대한 곳에서부터 내
민 망대까지 이르렀느니라)

27 그 다음은 드고아 사람들이 한 부분을
중수하여 내민 큰 망대와 마주 대한 곳에
서부터 오벨 성벽까지 이르렀느니라

28 마문 위로부터는 제사장들이 각각 자
기 집과 마주 대한 부분을 중수하였고

29 그 다음은 임멜의 아들 사독이 자기 집
과 마주 대한 부분을 중수하였고 그 다음
은 동문지기 스가냐의 아들 스마야가 중
수하였고

30 그 다음은 셀레먀의 아들 하나냐와 살
랍의 여섯째 아들 하눈이 한 부분을 중수

22

23

24

25

26

27

28

29

30

하였고 그 다음은 베레갸의 아들 므술람
이 자기의 방과 마주 대한 부분을 중수하
였고

31 그 다음은 금장색 말기야가 함밉갓 문
과 마주 대한 부분을 중수하여 느디님 사
람과 상인들의 집에서부터 성 모퉁이 성
루에 이르렀고

32 성 모퉁이 성루에서 양문까지는 금장
색과 상인들이 중수하였느니라

방해를 물리치다

4 산발랏이 우리가 성을 건축한다 함을
듣고 크게 분노하여 유다 사람들을
비웃으며

2 자기 형제들과 사마리아 군대 앞에서
일러 말하되 이 미약한 유다 사람들이 하
는 일이 무엇인가, 스스로 견고하게 하려
는가, 제사를 드리려는가, 하루에 일을 마
치려는가 불탄 돌을 흙 무더기에서 다시
일으키려는가 하고

3 암몬 사람 도비야는 곁에 있다가 이르
되 그들이 건축하는 돌 성벽은 여우가 올
라가도 곧 무너지리라 하더라

4 우리 하나님이여 들으시옵소서 우리
가 업신여김을 당하나이다 원하건대 그
들이 욕하는 것을 자기들의 머리에 돌리
사 노략거리가 되어 이방에 사로잡히게
하시고

5 주 앞에서 그들의 악을 덮어 두지 마시
며 그들의 죄를 도말하지 마옵소서 그들
이 건축하는 자 앞에서 주를 노하시게 하

31

32

방해를 물리치다

4

2

3

4

5

였음이니이다 하고

6 이에 우리가 성을 건축하여 전부가 연
결되고 높이가 절반에 이르렀으니 이는
백성이 마음 들여 일을 하였음이니라

7 산발랏과 도비야와 아라비아 사람들
과 암몬 사람들과 아스돗 사람들이 예루
살렘 성이 중수되어 그 허물어진 틈이 메
꾸어져 간다 함을 듣고 심히 분노하여

8 다 함께 꾀하기를 예루살렘으로 가서
치고 그 곳을 요란하게 하자 하기로

9 우리가 우리 하나님께 기도하며 그들
로 말미암아 파수꾼을 두어 주야로 방비
하는데

10 유다 사람들은 이르기를 흙 무더기가
아직도 많거늘 짐을 나르는 자의 힘이 다
빠졌으니 우리가 성을 건축하지 못하리
라 하고

11 우리의 원수들은 이르기를 그들이 알
지 못하고 보지 못하는 사이에 우리가 그
들 가운데 달려 들어가서 살륙하여 역사
를 그치게 하리라 하고

12 그 원수들의 근처에 거주하는 유다 사
람들도 그 각처에서 와서 열 번이나 우리
에게 말하기를 너희가 우리에게로 와야
하리라 하기로

13 내가 성벽 뒤의 낮고 넓은 곳에 백성이
그들의 종족을 따라 칼과 창과 활을 가지
고 서 있게 하고

14 내가 돌아본 후에 일어나서 귀족들과
민장들과 남은 백성에게 말하기를 너희

6

7

8

9

10

11

12

13

14

는 그들을 두려워하지 말고 지극히 크시
고 두려우신 주를 기억하고 너희 형제와
자녀와 아내와 집을 위하여 싸우라 하였
느니라

15 우리의 대적이 우리가 그들의 의도를
눈치챘다 함을 들으니라 하나님이 그들
의 꾀를 폐하셨으므로 우리가 다 성에 돌
아와서 각각 일하였는데

16 그 때로부터 내 수하 사람들의 절반은
일하고 절반은 갑옷을 입고 창과 방패와
활을 가졌고 민장은 유다 온 족속의 뒤에
있었으며

17 성을 건축하는 자와 짐을 나르는 자는
다 각각 한 손으로 일을 하며 한 손에는
병기를 잡았는데

18 건축하는 자는 각각 허리에 칼을 차고
건축하며 나팔 부는 자는 내 곁에 섰었느
니라

19 내가 귀족들과 민장들과 남은 백성에
게 이르기를 이 공사는 크고 넓으므로 우
리가 성에서 떨어져 거리가 먼즉

20 너희는 어디서든지 나팔 소리를 듣거
든 그리로 모여서 우리에게로 나아오라
우리 하나님이 우리를 위하여 싸우시리
라 하였느니라

21 우리가 이같이 공사하는데 무리의 절
반은 동틀 때부터 별이 나기까지 창을 잡
았으며

22 그 때에 내가 또 백성에게 말하기를 사
람마다 그 종자와 함께 예루살렘 안에서

15

16

17

18

19

20

21

22

잘지니 밤에는 우리를 위하여 파수하겠고
낮에는 일하리라 하고

23 나나 내 형제들이나 종자들이나 나를
따라 파수하는 사람들이나 우리가 다 우
리의 옷을 벗지 아니하였으며 물을 길으
러 갈 때에도 각각 병기를 잡았느니라

가난한 백성이 부르짖다

5 그 때에 백성들이 그들의 아내와 함께
크게 부르짖어 그들의 형제인 유다 사
람들을 원망하는데

2 어떤 사람은 말하기를 우리와 우리 자
녀가 많으니 양식을 얻어 먹고 살아야 하
겠다 하고

3 어떤 사람은 말하기를 우리가 밭과 포
도원과 집이라도 저당 잡히고 이 흉년에
곡식을 얻자 하고

4 어떤 사람은 말하기를 우리는 밭과 포
도원으로 돈을 빚내서 왕에게 세금을 바
쳤도다

5 우리 육체도 우리 형제의 육체와 같고
우리 자녀도 그들의 자녀와 같거늘 이제
우리 자녀를 종으로 파는도다 우리 딸 중
에 벌써 종된 자가 있고 우리의 밭과 포도
원이 이미 남의 것이 되었으나 우리에게
는 아무런 힘이 없도다 하더라

6 내가 백성의 부르짖음과 이런 말을 듣
고 크게 노하였으나

7 깊이 생각하고 귀족들과 민장들을 꾸
짖어 그들에게 이르기를 너희가 각기 형
제에게 높은 이자를 취하는도다 하고 대

23

가난한 백성이 부르짖다

5

2

3

4

5

6

7

회를 열고 그들을 쳐서

8 그들에게 이르기를 우리는 이방인의
손에 팔린 우리 형제 유다 사람들을 우리
의 힘을 다하여 도로 찾았거늘 너희는 너
희 형제를 팔고자 하느냐 더구나 우리의
손에 팔리게 하겠느냐 하매 그들이 잠잠
하여 말이 없기로

9 내가 또 이르기를 너희의 소행이 좋지
못하도다 우리의 대적 이방 사람의 비방
을 생각하고 우리 하나님을 경외하는 가
운데 행할 것이 아니냐

10 나와 내 형제와 종자들도 역시 돈과 양
식을 백성에게 꾸어 주었거니와 우리가
그 이자 받기를 그치자

11 그런즉 너희는 그들에게 오늘이라도
그들의 밭과 포도원과 감람원과 집이며
너희가 꾸어 준 돈이나 양식이나 새 포도
주나 기름의 백분의 일을 돌려보내라 하
였더니

12 그들이 말하기를 우리가 당신의 말씀
대로 행하여 돌려보내고 그들에게서 아
무것도 요구하지 아니하리이다 하기로
내가 제사장들을 불러 그들에게 그 말대
로 행하겠다고 맹세하게 하고

13 내가 옷자락을 털며 이르기를 이 말대
로 행하지 아니하는 자는 모두 하나님이
또한 이와 같이 그 집과 산업에서 털어 버
리실지니 그는 곧 이렇게 털려서 빈손이
될지로다 하매 회중이 다 아멘 하고 여호
와를 찬송하고 백성들이 그 말한 대로 행

8

9

10

11

12

13

하였느니라

느헤미야가 총독의 녹을 받지 아니하다

14 또한 유다 땅 총독으로 세움을 받은 때
곧 아닥사스다 왕 제이십년부터 제삼십
이년까지 십이 년 동안은 나와 내 형제들
이 총독의 녹을 먹지 아니하였느니라

15 나보다 먼저 있었던 총독들은 백성에
게서, 양식과 포도주와 또 은 사십 세겔을
그들에게서 빼앗았고 또한 그들의 종자
들도 백성을 압제하였으나 나는 하나님
을 경외하므로 이같이 행하지 아니하고

16 도리어 이 성벽 공사에 힘을 다하며 땅
을 사지 아니하였고 내 모든 종자들도 모
여서 일을 하였으며

17 또 내 상에는 유다 사람들과 민장들 백
오십 명이 있고 그 외에도 우리 주위에 있
는 이방 족속들 중에서 우리에게 나아온
자들이 있었는데

18 매일 나를 위하여 소 한 마리와 살진
양 여섯 마리를 준비하며 닭도 많이 준비
하고 열흘에 한 번씩은 각종 포도주를 갖
추었나니 비록 이같이 하였을지라도 내
가 총독의 녹을 요구하지 아니하였음은
이 백성의 부역이 중함이었더라

19 내 하나님이여 내가 이 백성을 위하여
행한 모든 일을 기억하사 내게 은혜를 베
푸시옵소서

느헤미야에 대한 음모

6 산발랏과 도비야와 아라비아 사람 게
셈과 그 나머지 우리의 원수들이 내가

느헤미야가 총독의 녹을 받지 아니하다

14

15

16

17

18

19

느헤미야에 대한 음모

6

성벽을 건축하여 허물어진 틈을 남기지
아니하였다 함을 들었는데 그 때는 내가
아직 성문에 문짝을 달지 못한 때였더라

2 산발랏과 게셈이 내게 사람을 보내어
이르기를 오라 우리가 오노 평지 한 촌에
서 서로 만나자 하니 실상은 나를 해하고
자 함이었더라

3 내가 곧 그들에게 사자들을 보내어 이
르기를 내가 이제 큰 역사를 하니 내려가
지 못하겠노라 어찌하여 역사를 중지하
게 하고 너희에게로 내려가겠느냐 하매

4 그들이 네 번이나 이같이 내게 사람을
보내되 나는 꼭 같이 대답하였더니

5 산발랏이 다섯 번째는 그 종자의 손에
봉하지 않은 편지를 들려 내게 보냈는데

6 그 글에 이르기를 이방 중에도 소문이
있고 가스무도 말하기를 너와 유다 사람
들이 모반하려 하여 성벽을 건축한다 하
나니 네가 그 말과 같이 왕이 되려 하는도
다

7 또 네가 선지자를 세워 예루살렘에서
너를 들어 선전하기를 유다에 왕이 있다
하게 하였으니 지금 이 말이 왕에게 들릴
지라 그런즉 너는 이제 오라 함께 의논하
자 하였기로

8 내가 사람을 보내어 그에게 이르기를
네가 말한 바 이런 일은 없는 일이요 네
마음에서 지어낸 것이라 하였나니

9 이는 그들이 다 우리를 두렵게 하고자
하여 말하기를 그들의 손이 피곤하여 역

2

3

4

5

6

7

8

9

사를 중지하고 이루지 못하리라 함이라
이제 내 손을 힘있게 하옵소서 하였노라

10 이 후에 므헤다벨의 손자 들라야의 아
들 스마야가 두문불출 하기로 내가 그 집
에 가니 그가 이르기를 그들이 너를 죽이
러 올 터이니 우리가 하나님의 전으로 가
서 외소 안에 머물고 그 문을 닫자 저들이
반드시 밤에 와서 너를 죽이리라 하기로

11 내가 이르기를 나 같은 자가 어찌 도망
하며 나 같은 몸이면 누가 외소에 들어가
서 생명을 보존하겠느냐 나는 들어가지
않겠노라 하고

12 깨달은즉 그는 하나님께서 보내신 바
가 아니라 도비야와 산발랏에게 뇌물을
받고 내게 이런 예언을 함이라

13 그들이 뇌물을 준 까닭은 나를 두렵게
하고 이렇게 함으로 범죄하게 하고 악한
말을 지어 나를 비방하려 함이었느니라

14 내 하나님이여 도비야와 산발랏과 여
선지 노아댜와 그 남은 선지자들 곧 나를
두렵게 하고자 한 자들의 소행을 기억하
옵소서 하였노라

성벽 공사가 끝나다

15 성벽 역사가 오십이 일 만인 엘룰월 이
십오일에 끝나매

16 우리의 모든 대적과 주위에 있는 이방
족속들이 이를 듣고 다 두려워하여 크게
낙담하였으니 그들이 우리 하나님께서
이 역사를 이루신 것을 앎이니라

17 또한 그 때에 유다의 귀족들이 여러 번

10

11

12

13

14

성벽 공사가 끝나다

15

16

17

도비야에게 편지하였고 도비야의 편지도
그들에게 이르렀으니

18 도비야는 아라의 아들 스가냐의 사위
가 되었고 도비야의 아들 여호하난도 베
레갸의 아들 므술람의 딸을 아내로 맞이
하였으므로 유다에서 그와 동맹한 자가
많음이라

19 그들이 도비야의 선행을 내 앞에 말하
고 또 내 말도 그에게 전하매 도비야가 내
게 편지하여 나를 두렵게 하고자 하였느
니라

느헤미야가 지도자들을 세우다

7 성벽이 건축되매 문짝을 달고 문지기
와 노래하는 자들과 레위 사람들을 세
운 후에

2 내 아우 하나니와 영문의 관원 하나냐
가 함께 예루살렘을 다스리게 하였는데
하나냐는 충성스러운 사람이요 하나님을
경외함이 무리 중에서 뛰어난 자라

3 내가 그들에게 이르기를 해가 높이 뜨
기 전에는 예루살렘 성문을 열지 말고 아
직 파수할 때에 곧 문을 닫고 빗장을 지르
며 또 예루살렘 주민이 각각 자기가 지키
는 곳에서 파수하되 자기 집 맞은편을 지
키게 하라 하였노니

4 그 성읍은 광대하고 그 주민은 적으며
가옥은 미처 건축하지 못하였음이니라

포로에서 돌아온 사람들(스 2:1-70)

5 내 하나님이 내 마음을 감동하사 귀족
들과 민장들과 백성을 모아 그 계보대로

18

19

느헤미야가 지도자들을 세우다

7

2

3

4

포로에서 돌아온 사람들(스 2:1-70)

5

등록하게 하시므로 내가 처음으로 돌아
온 자의 계보를 얻었는데 거기에 기록된
것을 보면
6 옛적에 바벨론 왕 느부갓네살에게 사
로잡혀 갔던 자들 중에서 놓임을 받고 예
루살렘과 유다에 돌아와 각기 자기들의
성읍에 이른 자들 곧
7 스룹바벨과 예수아와 느헤미야와 아
사랴와 라아먀와 나하마니와 모르드개와
빌산과 미스베렛과 비그왜와 느훔과 바
아나와 함께 나온 이스라엘 백성의 명수
가 이러하니라
8 바로스 자손이 이천 백칠십이 명이요
9 스바댜 자손이 삼백칠십이 명이요
10 아라 자손이 육백오십이 명이요
11 바핫모압 자손 곧 예수아와 요압 자손
이 이천팔백십팔 명이요
12 엘람 자손이 천이백오십사 명이요
13 삿두 자손이 팔백사십오 명이요
14 삭개 자손이 칠백육십 명이요
15 빈누이 자손이 육백사십팔 명이요
16 브배 자손이 육백이십팔 명이요
17 아스갓 자손이 이천삼백이십이 명이
요
18 아도니감 자손이 육백육십칠 명이요
19 비그왜 자손이 이천육십칠 명이요
20 아딘 자손이 육백오십오 명이요
21 아델 자손 곧 히스기야 자손이 구십팔
명이요
22 하숨 자손이 삼백이십팔 명이요

6
7
8
9
10
11
12
13
14
15
16
17
18
19
20
21
22

23 베새 자손이 삼백이십사 명이요	23
24 하립 자손이 백십이 명이요	24
25 기브온 사람이 구십오 명이요	25
26 베들레헴과 느도바 사람이 백팔십팔 명이요	26
27 아나돗 사람이 백이십팔 명이요	27
28 벧아스마웻 사람이 사십이 명이요	28
29 기랴여아림과 그비라와 브에롯 사람이 칠백사십삼 명이요	29
30 라마와 게바 사람이 육백이십일 명이요	30
31 믹마스 사람이 백이십이 명이요	31
32 벧엘과 아이 사람이 백이십삼 명이요	32
33 기타 느보 사람이 오십이 명이요	33
34 기타 엘람 자손이 천이백오십사 명이요	34
35 하림 자손이 삼백이십 명이요	35
36 여리고 자손이 삼백사십오 명이요	36
37 로드와 하딧과 오노 자손이 칠백이십일 명이요	37
38 스나아 자손이 삼천 구백삼십 명이었느니라	38
39 제사장들은 예수아의 집 여다야 자손이 구백칠십삼 명이요	39
40 임멜 자손이 천오십이 명이요	40
41 바스훌 자손이 천이백사십칠 명이요	41
42 하림 자손이 천십칠 명이었느니라	42
43 레위 사람들은 호드야 자손 곧 예수아와 갓미엘 자손이 칠십사 명이요	43
44 노래하는 자들은 아삽 자손이 백사십	44

팔 명이요

45 문지기들은 살룸 자손과 아델 자손과
달문 자손과 악굽 자손과 하디다 자손
과 소배 자손이 모두 백삼십팔 명이었
느니라

46 느디님 사람들은 시하 자손과 하수바
자손과 답바옷 자손과

47 게로스 자손과 시아 자손과 바돈 자손
과

48 르바나 자손과 하가바 자손과 살매 자
손과

49 하난 자손과 깃델 자손과 가할 자손과

50 르아야 자손과 르신 자손과 느고다 자
손과

51 갓삼 자손과 웃사 자손과 바세아 자손
과

52 베새 자손과 므우님 자손과 느비스심
자손과

53 박북 자손과 하그바 자손과 할훌 자손
과

54 바슬릿 자손과 므히다 자손과 하르사
자손과

55 바르고스 자손과 시스라 자손과 데마
자손과

56 느시야 자손과 하디바 자손이었느니
라

57 솔로몬의 신하의 자손은 소대 자손과
소베렛 자손과 브리다 자손과

58 야알라 자손과 다르곤 자손과 깃델 자
손과

45

46

47

48

49

50

51

52

53

54

55

56

57

58

59 스바다 자손과 핫딜 자손과 보게렛하
스바임 자손과 아몬 자손이니
60 모든 느디님 사람과 솔로몬의 신하의
자손이 삼백구십이 명이었느니라
61 델멜라와 델하르사와 그룹과 앗돈과
임멜로부터 올라온 자가 있으나 그들의
종족이나 계보가 이스라엘에 속하였는지
는 증거할 수 없으니
62 그들은 들라야 자손과 도비야 자손과
느고다 자손이라 모두가 육백사십이 명
이요
63 제사장 중에는 호바야 자손과 학고스
자손과 바르실래 자손이니 바르실래는 길
르앗 사람 바르실래의 딸 중의 하나로 아
내를 삼고 바르실래의 이름으로 불린 자라
64 이 사람들은 계보 중에서 자기 이름을
찾아도 찾지 못하였으므로 그들을 부정
하게 여겨 제사장의 직분을 행하지 못하
게 하고
65 총독이 그들에게 명령하여 우림과 둠
밈을 가진 제사장이 일어나기 전에는 지
성물을 먹지 말라 하였느니라
66 온 회중의 합계는 사만 이천삼백육십
명이요
67 그 외에 노비가 칠천삼백삼십칠 명이
요 그들에게 노래하는 남녀가 이백사십
오 명이 있었고
68 말이 칠백삼십육 마리요 노새가 이백
사십오 마리요
69 낙타가 사백삼십오 마리요 나귀가 육

천칠백이십 마리였느니라

70 어떤 족장들은 역사를 위하여 보조하
였고 총독은 금 천 드라크마와 대접 오십
과 제사장의 의복 오백삼십 벌을 보물 곳
간에 드렸고

71 또 어떤 족장들은 금 이만 드라크마와
은 이천이백 마네를 역사 곳간에 드렸고

72 그 나머지 백성은 금 이만 드라크마와
은 이천 마네와 제사장의 의복 육십칠 벌
을 드렸느니라

백성 앞에서 율법책을 읽다

73 이와 같이 제사장들과 레위 사람들과
문지기들과 노래하는 자들과 백성 몇 명
과 느디님 사람들과 온 이스라엘 자손이
다 자기들의 성읍에 거주하였느니라

8 이스라엘 자손이 자기들의 성읍에 거
주하였더니 일곱째 달에 이르러 모든
백성이 일제히 수문 앞 광장에 모여 학사
에스라에게 여호와께서 이스라엘에게 명
령하신 모세의 율법책을 가져오기를 청
하매

2 일곱째 달 초하루에 제사장 에스라가
율법책을 가지고 회중 앞 곧 남자나 여자
나 알아들을 만한 모든 사람 앞에 이르러

3 수문 앞 광장에서 새벽부터 정오까지
남자나 여자나 알아들을 만한 모든 사람
앞에서 읽으매 뭇 백성이 그 율법책에 귀
를 기울였는데

4 그 때에 학사 에스라가 특별히 지은 나
무 강단에 서고 그의 곁 오른쪽에 선 자는

70
71
72
백성 앞에서 율법책을 읽다
73
8
2
3
4

맛디댜와 스마와 아나야와 우리야와 힐
기야와 마아세야요 그의 왼쪽에 선 자는
브다야와 미사엘과 말기야와 하숨과 하
스밧다나와 스가랴와 므술람이라

5 에스라가 모든 백성 위에 서서 그들 목
전에 책을 펴니 책을 펼 때에 모든 백성이
일어서니라

6 에스라가 위대하신 하나님 여호와를
송축하매 모든 백성이 손을 들고 아멘 아
멘 하고 응답하고 몸을 굽혀 얼굴을 땅에
대고 여호와께 경배하니라

7 예수아와 바니와 세레뱌와 야민과 악
굽과 사브대와 호디야와 마아세야와 그
리다와 아사랴와 요사밧과 하난과 블라
야와 레위 사람들은 백성이 제자리에 서
있는 동안 그들에게 율법을 깨닫게 하였
는데

8 하나님의 율법책을 낭독하고 그 뜻을
해석하여 백성에게 그 낭독하는 것을 다
깨닫게 하니

9 백성이 율법의 말씀을 듣고 다 우는지
라 총독 느헤미야와 제사장 겸 학사 에스
라와 백성을 가르치는 레위 사람들이 모
든 백성에게 이르기를 오늘은 너희 하나
님 여호와의 성일이니 슬퍼하지 말며 울
지 말라 하고

10 느헤미야가 또 그들에게 이르기를 너
희는 가서 살진 것을 먹고 단 것을 마시되
준비하지 못한 자에게는 나누어 주라 이
날은 우리 주의 성일이니 근심하지 말라

5

6

7

8

9

10

여호와로 인하여 기뻐하는 것이 너희의
힘이니라 하고

11 레위 사람들도 모든 백성을 정숙하게
하여 이르기를 오늘은 성일이니 마땅히
조용하고 근심하지 말라 하니

12 모든 백성이 곧 가서 먹고 마시며 나누
어 주고 크게 즐거워하니 이는 그들이 그
읽어 들려 준 말을 밝히 앎이라

13 그 이튿날 뭇 백성의 족장들과 제사장
들과 레위 사람들이 율법의 말씀을 밝히
알고자 하여 학사 에스라에게 모여서

14 율법에 기록된 바를 본즉 여호와께서
모세를 통하여 명령하시기를 이스라엘
자손은 일곱째 달 절기에 초막에서 거할
지니라 하였고

15 또 일렀으되 모든 성읍과 예루살렘에
공포하여 이르기를 너희는 산에 가서 감
람나무 가지와 들감람나무 가지와 화석
류나무 가지와 종려나무 가지와 기타 무
성한 나무 가지를 가져다가 기록한 바를
따라 초막을 지으라 하라 한지라

16 백성이 이에 나가서 나뭇가지를 가져
다가 혹은 지붕 위에, 혹은 뜰 안에, 혹은
하나님의 전 뜰에, 혹은 수문 광장에, 혹
은 에브라임 문 광장에 초막을 짓되

17 사로잡혔다가 돌아온 회중이 다 초막
을 짓고 그 안에서 거하니 눈의 아들 여호
수아 때로부터 그 날까지 이스라엘 자손
이 이같이 행한 일이 없었으므로 이에 크
게 기뻐하며

11

12

13

14

15

16

17

18 에스라는 첫날부터 끝날까지 날마다
하나님의 율법책을 낭독하고 무리가 이
레 동안 절기를 지키고 여덟째 날에 규례
를 따라 성회를 열었느니라

백성들이 죄를 자복하다

9 그 달 스무나흗 날에 이스라엘 자손
이 다 모여 금식하며 굵은 베 옷을 입
고 티끌을 무릅쓰며

2 모든 이방 사람들과 절교하고 서서 자
기의 죄와 조상들의 허물을 자복하고

3 이 날에 낮 사분의 일은 그 제자리에
서서 그들의 하나님 여호와의 율법책을
낭독하고 낮 사분의 일은 죄를 자복하며
그들의 하나님 여호와께 경배하는데

4 레위 사람 예수아와 바니와 갓미엘과
스바냐와 분니와 세레뱌와 바니와 그나
니는 단에 올라서서 큰 소리로 그들의 하
나님 여호와께 부르짖고

5 또 레위 사람 예수아와 갓미엘과 바니
와 하삽느야와 세레뱌와 호디야와 스바
냐와 브다히야는 이르기를 너희 무리는
마땅히 일어나 영원부터 영원까지 계신
너희 하나님 여호와를 송축할지어다 주
여 주의 영화로운 이름을 송축하올 것은
주의 이름이 존귀하여 모든 송축이나 찬
양에서 뛰어남이니이다

6 오직 주는 여호와시라 하늘과 하늘들
의 하늘과 일월 성신과 땅과 땅 위의 만물
과 바다와 그 가운데 모든 것을 지으시고
다 보존하시오니 모든 천군이 주께 경배

18

백성들이 죄를 자복하다

9

2

3

4

5

6

하나이다
7 주는 하나님 여호와시라 옛적에 아브
람을 택하시고 갈대아 우르에서 인도하여
내시고 아브라함이라는 이름을 주시고
8 그의 마음이 주 앞에서 충성됨을 보시
고 그와 더불어 언약을 세우사 가나안 족
속과 헷 족속과 아모리 족속과 브리스 족
속과 여부스 족속과 기르가스 족속의 땅
을 그의 씨에게 주리라 하시더니 그 말씀
대로 이루셨사오매 주는 의로우심이로소
이다
9 주께서 우리 조상들이 애굽에서 고난
받는 것을 감찰하시며 홍해에서 그들의
부르짖음을 들으시고
10 이적과 기사를 베푸사 바로와 그의 모
든 신하와 그의 나라 온 백성을 치셨사오
니 이는 그들이 우리의 조상들에게 교만
하게 행함을 아셨음이라 주께서 오늘과
같이 명예를 얻으셨나이다
11 또 주께서 우리 조상들 앞에서 바다를
갈라지게 하사 그들이 바다 가운데를 육
지 같이 통과하게 하시고 좇아오는 자들
을 돌을 큰 물에 던짐 같이 깊은 물에 던
지시고
12 낮에는 구름 기둥으로 인도하시고 밤
에는 불 기둥으로 그들이 행할 길을 그들
에게 비추셨사오며
13 또 시내 산에 강림하시고 하늘에서부
터 그들과 말씀하사 정직한 규례와 진정
한 율법과 선한 율례와 계명을 그들에게

7

8

9

10

11

12

13

주시고

14 거룩한 안식일을 그들에게 알리시며
주의 종 모세를 통하여 계명과 율례와 율
법을 그들에게 명령하시고

15 그들의 굶주림 때문에 그들에게 양식
을 주시며 그들의 목마름 때문에 그들에
게 반석에서 물을 내시고 또 주께서 옛적
에 손을 들어 맹세하시고 주겠다고 하신
땅을 들어가서 차지하라 말씀하셨사오나

16 그들과 우리 조상들이 교만하고 목을
굳게 하여 주의 명령을 듣지 아니하고

17 거역하며 주께서 그들 가운데에서 행
하신 기사를 기억하지 아니하고 목을 굳
게 하며 패역하여 스스로 한 우두머리를
세우고 종 되었던 땅으로 돌아가고자 하
였나이다 그러나 주께서는 용서하시는
하나님이시라 은혜로우시며 긍휼히 여기
시며 더디 노하시며 인자가 풍부하시므
로 그들을 버리지 아니하셨나이다

18 또 그들이 자기들을 위하여 송아지를
부어 만들고 이르기를 이는 곧 너희를 인
도하여 애굽에서 나오게 한 신이라 하여
하나님을 크게 모독하였사오나

19 주께서는 주의 크신 긍휼로 그들을 광
야에 버리지 아니하시고 낮에는 구름 기
둥이 그들에게서 떠나지 아니하고 길을
인도하며 밤에는 불 기둥이 그들이 갈 길
을 비추게 하셨사오며

20 또 주의 선한 영을 주사 그들을 가르치
시며 주의 만나가 그들의 입에서 끊어지

지 않게 하시고 그들의 목마름을 인하여
그들에게 물을 주어

21 사십 년 동안 들에서 기르시되 부족함
이 없게 하시므로 그 옷이 해어지지 아니
하였고 발이 부르트지 아니하였사오며

22 또 나라들과 족속들을 그들에게 각각
나누어 주시매 그들이 시혼의 땅 곧 헤스
본 왕의 땅과 바산 왕 옥의 땅을 차지하였
나이다

23 주께서 그들의 자손을 하늘의 별같이
많게 하시고 전에 그들의 열조에게 들어
가서 차지하라고 말씀하신 땅으로 인도
하여 이르게 하셨으므로

24 그 자손이 들어가서 땅을 차지하되 주
께서 그 땅 가나안 주민들이 그들 앞에 복
종하게 하실 때에 가나안 사람들과 그들
의 왕들과 본토 여러 족속들을 그들의 손
에 넘겨 임의로 행하게 하시매

25 그들이 견고한 성읍들과 기름진 땅을
점령하고 모든 아름다운 물건이 가득한
집과 판 우물과 포도원과 감람원과 허다
한 과목을 차지하여 배불리 먹어 살찌고
주의 큰 복을 즐겼사오나

26 그들은 순종하지 아니하고 주를 거역
하며 주의 율법을 등지고 주께로 돌아오
기를 권면하는 선지자들을 죽여 주를 심
히 모독하였나이다

27 그러므로 주께서 그들을 대적의 손에
넘기사 그들이 곤고를 당하게 하시매 그
들이 환난을 당하여 주께 부르짖을 때에

21

22

23

24

25

26

27

주께서 하늘에서 들으시고 주의 크신 긍
휼로 그들에게 구원자들을 주어 그들을
대적의 손에서 구원하셨거늘

28 그들이 평강을 얻은 후에 다시 주 앞에
서 악을 행하므로 주께서 그들을 원수들
의 손에 버려 두사 원수들에게 지배를 당
하게 하시다가 그들이 돌이켜 주께 부르
짖으매 주께서 하늘에서 들으시고 여러
번 주의 긍휼로 건져내시고

29 다시 주의 율법을 복종하게 하시려고
그들에게 경계하셨으나 그들이 교만하여
사람이 준행하면 그 가운데에서 삶을 얻
는 주의 계명을 듣지 아니하며 주의 규례
를 범하여 고집하는 어깨를 내밀며 목을
굳게 하여 듣지 아니하였나이다

30 그러나 주께서 그들을 여러 해 동안 참
으시고 또 주의 선지자들을 통하여 주의
영으로 그들을 경계하시되 그들이 듣지
아니하므로 열방 사람들의 손에 넘기시
고도

31 주의 크신 긍휼로 그들을 아주 멸하지
아니하시며 버리지도 아니하셨사오니 주
는 은혜로우시고 불쌍히 여기시는 하나
님이심이니이다

32 우리 하나님이여 광대하시고 능하시
고 두려우시며 언약과 인자하심을 지키
시는 하나님이여 우리와 우리 왕들과 방
백들과 제사장들과 선지자들과 조상들과
주의 모든 백성이 앗수르 왕들의 때로부
터 오늘까지 당한 모든 환난을 이제 작게

28

29

30

31

32

여기지 마옵소서

33 그러나 우리가 당한 모든 일에 주는 공
의로우시니 우리는 악을 행하였사오나
주께서는 진실하게 행하셨음이니이다

34 우리 왕들과 방백들과 제사장들과 조
상들이 주의 율법을 지키지 아니하며 주
의 명령과 주께서 그들에게 경계하신 말
씀을 순종하지 아니하고

35 그들이 그 나라와 주께서 그들에게 베
푸신 큰 복과 자기 앞에 주신 넓고 기름진
땅을 누리면서도 주를 섬기지 아니하며
악행을 그치지 아니하였으므로

36 우리가 오늘날 종이 되었는데 곧 주께
서 우리 조상들에게 주사 그것의 열매를
먹고 그것의 아름다운 소산을 누리게 하
신 땅에서 우리가 종이 되었나이다

37 우리의 죄로 말미암아 주께서 우리 위
에 세우신 이방 왕들이 이 땅의 많은 소산
을 얻고 그들이 우리의 몸과 가축을 임의
로 관할하오니 우리의 곤란이 심하오며

38 우리가 이 모든 일로 말미암아 이제 견
고한 언약을 세워 기록하고 우리의 방백
들과 레위 사람들과 제사장들이 다 인봉
하나이다 하였느니라

언약에 인봉한 사람들

10 그 인봉한 자는 하가랴의 아들 총
독 느헤미야와 시드기야,

2 스라야, 아사랴, 예레미야,

3 바스훌, 아마랴, 말기야,

4 핫두스, 스바냐, 말룩,

33

34

35

36

37

38

언약에 인봉한 사람들

10

2

3

4

5 하림, 므레못, 오바댜,
6 다니엘, 긴느돈, 바룩,
7 므술람, 아비야, 미야민,
8 마아시야, 빌개, 스마야이니 이는 제사
장들이요
9 또 레위 사람 곧 아사냐의 아들 예수
아, 헤나닷의 자손 중 빈누이, 갓미엘과
10 그의 형제 스바냐, 호디야, 그리다, 블
라야, 하난,
11 미가, 르홉, 하사뱌,
12 삭굴, 세레뱌, 스바냐,
13 호디야, 바니, 브니누요
14 또 백성의 우두머리들 곧 바로스, 바핫
모압, 엘람, 삿두, 바니,
15 분니, 아스갓, 베배,
16 아도니야, 비그왜, 아딘,
17 아델, 히스기야, 앗술,
18 호디야, 하숨, 베새,
19 하립, 아나돗, 노배,
20 막비아스, 므술람, 헤실,
21 므세사벨, 사독, 얏두아,
22 블라댜, 하난, 아나야,
23 호세아, 하나냐, 핫숩,
24 할르헤스, 빌하, 소벡,
25 르훔, 하삽나, 마아세야,
26 아히야, 하난, 아난,
27 말룩, 하림, 바아나이니라
28 그 남은 백성과 제사장들과 레위 사람
들과 문지기들과 노래하는 자들과 느디
님 사람들과 및 이방 사람과 절교하고 하

5
6
7
8
9
10
11
12
13
14
15
16
17
18
19
20
21
22
23
24
25
26
27
28

나님의 율법을 준행하는 모든 자와 그들
의 아내와 그들의 자녀들 곧 지식과 총명
이 있는 자들은

29 다 그들의 형제 귀족들을 따라 저주로 29
맹세하기를 우리가 하나님의 종 모세를
통하여 주신 하나님의 율법을 따라 우리
주 여호와의 모든 계명과 규례와 율례를
지켜 행하여

30 우리의 딸들을 이 땅 백성에게 주지 아 30
니하고 우리의 아들들을 위하여 그들의
딸들을 데려오지 아니하며

31 혹시 이 땅 백성이 안식일에 물품이나 31
온갖 곡물을 가져다가 팔려고 할지라도
우리가 안식일이나 성일에는 그들에게서
사지 않겠고 일곱째 해마다 땅을 쉬게 하
고 모든 빚을 탕감하리라 하였고

32 우리가 또 스스로 규례를 정하기를 해 32
마다 각기 세겔의 삼분의 일을 수납하여
하나님의 전을 위하여 쓰게 하되

33 곧 진설병과 항상 드리는 소제와 항상 33
드리는 번제와 안식일과 초하루와 정한
절기에 쓸 것과 성물과 이스라엘을 위하
는 속죄제와 우리 하나님의 전의 모든 일
을 위하여 쓰게 하였고

34 또 우리 제사장들과 레위 사람들과 백 34
성들이 제비 뽑아 각기 종족대로 해마다
정한 시기에 나무를 우리 하나님의 전에
바쳐 율법에 기록한 대로 우리 하나님 여
호와의 제단에 사르게 하였고

35 해마다 우리 토지 소산의 맏물과 각종 35

과목의 첫 열매를 여호와의 전에 드리기
로 하였고

36 또 우리의 맏아들들과 가축의 처음 난
것과 소와 양의 처음 난 것을 율법에 기록
된 대로 우리 하나님의 전으로 가져다가
우리 하나님의 전에서 섬기는 제사장들
에게 주고

37 또 처음 익은 밀의 가루와 거제물과 각
종 과목의 열매와 새 포도주와 기름을 제
사장들에게로 가져다가 우리 하나님의
전의 여러 방에 두고 또 우리 산물의 십일
조를 레위 사람들에게 주리라 하였나니
이 레위 사람들은 우리의 모든 성읍에서
산물의 십일조를 받는 자임이며

38 레위 사람들이 십일조를 받을 때에는
아론의 자손 제사장 한 사람이 함께 있을
것이요 레위 사람들은 그 십일조의 십분
의 일을 가져다가 우리 하나님의 전 곳간
의 여러 방에 두되

39 곧 이스라엘 자손과 레위 자손이 거제
로 드린 곡식과 새 포도주와 기름을 가져
다가 성소의 그릇들을 두는 골방 곧 섬기
는 제사장들과 문지기들과 노래하는 자
들이 있는 골방에 둘 것이라 그리하여 우
리가 우리 하나님의 전을 버려 두지 아니
하리라

예루살렘에 거주하는 백성들

11 백성의 지도자들은 예루살렘에 거주
하였고 그 남은 백성은 제비 뽑아 십
분의 일은 거룩한 성 예루살렘에서 거주

36

37

38

39

예루살렘에 거주하는 백성들

11

하게 하고 그 십분의 구는 다른 성읍에 거
주하게 하였으며

2 예루살렘에 거주하기를 자원하는 모
든 자를 위하여 백성들이 복을 빌었느니
라

3 이스라엘과 제사장들과 레위 사람들과
느디님 사람들과 솔로몬의 신하들의 자손
은 유다 여러 성읍에서 각각 자기 성읍 자
기 기업에 거주하였느니라 예루살렘에 거
주한 그 지방의 지도자들은 이러하니

4 예루살렘에 거주한 자는 유다 자손과
베냐민 자손 몇 명이라 유다 자손 중에는
베레스 자손 아다야이니 그는 웃시야의
아들이요 스가랴의 손자요 아마랴의 증손
이요 스바댜의 현손이요 마할랄렐의 오대
손이며

5 또 마아세야니 그는 바룩의 아들이요
골호세의 손자요 하사야의 증손이요 아다
야의 현손이요 요야립의 오대 손이요 스
가랴의 육대 손이요 실로 사람의 칠대 손
이라

6 예루살렘에 거주한 베레스 자손은 모
두 사백육십팔 명이니 다 용사였느니라

7 베냐민 자손은 살루이니 그는 므술람
의 아들이요 요엣의 손자요 브다야의 증
손이요 골라야의 현손이요 마아세야의
오대 손이요 이디엘의 육대 손이요 여사
야의 칠대 손이며

8 그 다음은 갑배와 살래 등이니 모두 구
백이십팔 명이라

2

3

4

5

6

7

8

9 시그리의 아들 요엘이 그들의 감독이
되었고 핫스누아의 아들 유다는 버금이
되어 성읍을 다스렸느니라

10 제사장 중에는 요야립의 아들 여다야
와 야긴이며

11 또 하나님의 전을 맡은 자 스라야이니
그는 힐기야의 아들이요 므술람의 손자
요 사독의 증손이요 므라욧의 현손이요
아히둡의 오대 손이며

12 또 전에서 일하는 그들의 형제니 모두
팔백이십이 명이요 또 아다야이니 그는
여로함의 아들이요 블라야의 손자요 암
시의 증손이요 스가랴의 현손이요 바스
훌의 오대 손이요 말기야의 육대 손이며

13 또 그 형제의 족장된 자이니 모두 이백
사십이 명이요 또 아맛새이니 그는 아사
렐의 아들이요 아흐새의 손자요 므실레
못의 증손이요 임멜의 현손이며

14 또 그들의 형제의 큰 용사들이니 모두
백이십팔 명이라 하그돌림의 아들 삽디
엘이 그들의 감독이 되었느니라

15 레위 사람 중에는 스마야이니 그는 핫
숩의 아들이요 아스리감의 손자요 하사
뱌의 증손이요 분니의 현손이며

16 또 레위 사람의 족장 삽브대와 요사밧
이니 그들은 하나님의 전 바깥 일을 맡았
고

17 또 아삽의 증손 삽디의 손자 미가의 아
들 맛다냐이니 그는 기도할 때에 감사하
는 말씀을 인도하는 자가 되었고 형제 중

9

10

11

12

13

14

15

16

17

에 박부갸가 버금이 되었으며 또 여두둔
의 증손 갈랄의 손자 삼무아의 아들 압다
니
18 거룩한 성에 레위 사람은 모두 이백팔
십사 명이었느니라
19 성 문지기는 악굽과 달몬과 그 형제이
니 모두 백칠십이 명이며
20 그 나머지 이스라엘 백성과 제사장과
레위 사람은 유다 모든 성읍에 흩어져 각
각 자기 기업에 살았고
21 느디님 사람은 오벨에 거주하니 시하
와 기스바가 그들의 책임자가 되었느니라
22 노래하는 자들인 아삽 자손 중 미가의
현손 맛다냐의 증손 하사뱌의 손자 바니
의 아들 웃시는 예루살렘에 거주하는 레
위 사람의 감독이 되어 하나님의 전 일을
맡아 다스렸으니
23 이는 왕의 명령대로 노래하는 자들에
게 날마다 할 일을 정해 주었기 때문이며
24 유다의 아들 세라의 자손 곧 므세사벨
의 아들 브다히야는 왕의 수하에서 백성
의 일을 다스렸느니라

마을과 주변 동네들에 거주하는 백성들

25 마을과 들로 말하면 유다 자손의 일부
는 기럇 아르바와 그 주변 동네들과 디본
과 그 주변 동네들과 여갑스엘과 그 마을
들에 거주하며
26 또 예수아와 몰라다와 벧벨렛과
27 하살수알과 브엘세바와 그 주변 동네
들에 거주하며

18

19

20

21

22

23

24

마을과 주변 동네들에 거주하는 백성들

25

26

27

28 또 시글락과 므고나와 그 주변 동네들
에 거주하며
29 또 에느림몬과 소라와 야르뭇에 거주
하며
30 또 사노아와 아둘람과 그 마을들과 라
기스와 그 들판과 아세가와 그 주변 동네
들에 살았으니 그들은 브엘세바에서부터
힌놈의 골짜기까지 장막을 쳤으며
31 또 베냐민 자손은 게바에서부터 믹마
스와 아야와 벧엘과 그 주변 동네들에 거
주하며
32 아나돗과 놉과 아나냐와
33 하솔과 라마와 깃다임과
34 하딧과 스보임과 느발랏과
35 로드와 오노와 장인들의 골짜기에 거
주하였으며
36 유다에 있던 레위 사람의 일부는 베냐
민과 합하였느니라

제사장과 레위 사람들

12 스알디엘의 아들 스룹바벨과 예수
아와 함께 돌아온 제사장들과 레위
사람들은 이러하니라 제사장들은 스라야
와 예레미야와 에스라와
2 아마랴와 말룩과 핫두스와
3 스가냐와 르훔과 므레못과
4 잇도와 긴느도이와 아비야와
5 미야민과 마아댜와 빌가와
6 스마야와 요야립과 여다야와
7 살루와 아목과 힐기야와 여다야니 이
상은 예수아 때에 제사장들과 그들의 형

28
29
30
31
32
33
34
35
36
제사장과 레위 사람들
12
2
3
4
5
6
7

제의 지도자들이었느니라

대제사장 예수아의 자손들

8 레위 사람들은 예수아와 빈누이와 갓
미엘과 세레뱌와 유다와 맛다냐니 이 맛
다냐는 그의 형제와 함께 찬송하는 일을
맡았고
9 또 그들의 형제 박부갸와 운노는 직무
를 따라 그들의 맞은편에 있으며
10 예수아는 요야김을 낳고 요야김은 엘
리아십을 낳고 엘리아십은 요야다를 낳고
11 요야다는 요나단을 낳고 요나단은 얏
두아를 낳았느니라

제사장의 족장들

12 요야김 때에 제사장, 족장 된 자는 스
라야 족속에는 므라야요 예레미야 족속
에는 하나냐요
13 에스라 족속에는 므술람이요 아마랴
족속에는 여호하난이요
14 말루기 족속에는 요나단이요 스바냐
족속에는 요셉이요
15 하림 족속에는 아드나요 므라욧 족속
에는 헬개요
16 잇도 족속에는 스가랴요 긴느돈 족속
에는 므술람이요
17 아비야 족속에는 시그리요 미냐민 곧
모아댜 족속에는 빌대요
18 빌가 족속에는 삼무아요 스마야 족속
에는 여호나단이요
19 요야립 족속에는 맛드내요 여다야 족

대제사장 예수아의 자손들

8

9

10

11

제사장의 족장들

12

13

14

15

16

17

18

19

속에는 웃시요
20 살래 족속에는 갈래요 아목 족속에는
에벨이요
21 힐기야 족속에는 하사뱌요 여다야 족
속에는 느다넬이었느니라

제사장과 레위 사람들에 관한 기록

22 엘리아십과 요야다와 요하난과 얏두
아 때에 레위 사람의 족장이 모두 책에 기
록되었고 바사 왕 다리오 때에 제사장도
책에 기록되었고
23 레위 자손의 족장들은 엘리아십의 아
들 요하난 때까지 역대지략에 기록되었
으며
24 레위 족속의 지도자들은 하사뱌와 세
레뱌와 갓미엘의 아들 예수아라 그들은
그들의 형제의 맞은편에 있어 하나님의
사람 다윗의 명령대로 순서를 따라 주를
찬양하며 감사하고
25 맛다냐와 박부갸와 오바댜와 므술람
과 달몬과 악굽은 다 문지기로서 순서대
로 문안의 곳간을 파수하였나니
26 이상의 모든 사람들은 요사닥의 손자
예수아의 아들 요야김과 총독 느헤미야와
제사장 겸 학사 에스라 때에 있었느니라

느헤미야가 성벽을 봉헌하다

27 예루살렘 성벽을 봉헌하게 되니 각처
에서 레위 사람들을 찾아 예루살렘으로
데려다가 감사하며 노래하며 제금을 치
며 비파와 수금을 타며 즐거이 봉헌식을
행하려 하매

20
21
제사장과 레위 사람들에 관한 기록
22
23
24
25
26
느헤미야가 성벽을 봉헌하다
27

28 이에 노래하는 자들이 예루살렘 사방 들과 느도바 사람의 마을에서 모여들고	28
29 또 벧길갈과 게바와 아스마웻 들에서 모여들었으니 이 노래하는 자들은 자기 들을 위하여 예루살렘 사방에 마을들을 이루었음이라	29
30 제사장들과 레위 사람들이 몸을 정결 하게 하고 또 백성과 성문과 성벽을 정결 하게 하니라	30
31 이에 내가 유다의 방백들을 성벽 위에 오르게 하고 또 감사 찬송하는 자의 큰 무 리를 둘로 나누어 성벽 위로 대오를 지어 가게 하였는데 한 무리는 오른쪽으로 분 문을 향하여 가게 하니	31
32 그들의 뒤를 따르는 자는 호세야와 유 다 지도자의 절반이요	32
33 또 아사랴와 에스라와 므술람과	33
34 유다와 베냐민과 스마야와 예레미야 이며	34
35 또 제사장들의 자손 몇 사람이 나팔을 잡았으니 요나단의 아들 스마야의 손자 맛다냐의 증손 미가야의 현손 삭굴의 오 대 손 아삽의 육대 손 스가랴와	35
36 그의 형제들인 스마야와 아사렐과 밀 랄래와 길랄래와 마애와 느다넬과 유다 와 하나니라 다 하나님의 사람 다윗의 악 기를 잡았고 학사 에스라가 앞서서	36
37 샘문으로 전진하여 성벽으로 올라가 는 곳에 이르러 다윗 성의 층계로 올라가 서 다윗의 궁 윗 길에서 동쪽으로 향하여	37

수문에 이르렀고

38 감사 찬송하는 다른 무리는 왼쪽으로
행진하는데 내가 백성의 절반과 더불어
그 뒤를 따라 성벽 위로 가서 화덕 망대
윗 길로 성벽 넓은 곳에 이르고

39 에브라임 문 위로 옛문과 어문과 하나
넬 망대와 함메아 망대를 지나 양문에 이
르러 감옥 문에 멈추매

40 이에 감사 찬송하는 두 무리가 하나님
의 전에 섰고 또 나와 민장의 절반도 함께
하였고

41 제사장 엘리아김과 마아세야와 미냐
민과 미가야와 엘료에내와 스가랴와 하
나냐는 다 나팔을 잡았고

42 또 마아세야와 스마야와 엘르아살과
웃시와 여호하난과 말기야와 엘람과 에
셀이 함께 있으며 노래하는 자는 크게 찬
송하였는데 그 감독은 예스라히야라

43 이 날에 무리가 큰 제사를 드리고 심히
즐거워하였으니 이는 하나님이 크게 즐
거워하게 하셨음이라 부녀와 어린 아이
도 즐거워하였으므로 예루살렘이 즐거워
하는 소리가 멀리 들렸느니라

제사장과 레위 사람에게 준 몫

44 그 날에 사람을 세워 곳간을 맡기고 제
사장들과 레위 사람들에게 돌릴 것 곧 율
법에 정한 대로 거제물과 처음 익은 것과
십일조를 모든 성읍 밭에서 거두어 이 곳
간에 쌓게 하였노니 이는 유다 사람이 섬
기는 제사장들과 레위 사람들로 말미암

38

39

40

41

42

43

제사장과 레위 사람에게 준 몫

44

아 즐거워하기 때문이라

45 그들은 하나님을 섬기는 일과 결례의
일을 힘썼으며 노래하는 자들과 문지기
들도 그러하여 모두 다윗과 그의 아들 솔
로몬의 명령을 따라 행하였으니

46 옛적 다윗과 아삽의 때에는 노래하는
자의 지도자가 있어서 하나님께 찬송하
는 노래와 감사하는 노래를 하였음이며

47 스룹바벨 때와 느헤미야 때에는 온 이
스라엘이 노래하는 자들과 문지기들에게
날마다 쓸 몫을 주되 그들이 성별한 것을
레위 사람들에게 주고 레위 사람들은 그
것을 또 성별하여 아론 자손에게 주었느
니라

느헤미야의 개혁

13 그 날 모세의 책을 낭독하여 백성에
게 들렸는데 그 책에 기록하기를 암
몬 사람과 모압 사람은 영원히 하나님의
총회에 들어오지 못하리니

2 이는 그들이 양식과 물로 이스라엘 자
손을 영접하지 아니하고 도리어 발람에
게 뇌물을 주어 저주하게 하였음이라 그
러나 우리 하나님이 그 저주를 돌이켜 복
이 되게 하셨다 하였는지라

3 백성이 이 율법을 듣고 곧 섞인 무리를
이스라엘 가운데에서 모두 분리하였느니
라

4 이전에 우리 하나님의 전의 방을 맡은
제사장 엘리아십이 도비야와 연락이 있
었으므로

45

46

47

느헤미야의 개혁

13

2

3

4

5 도비야를 위하여 한 큰 방을 만들었으
니 그 방은 원래 소제물과 유향과 그릇과
또 레위 사람들과 노래하는 자들과 문지
기들에게 십일조로 주는 곡물과 새 포도
주와 기름과 또 제사장들에게 주는 거제
물을 두는 곳이라

6 그 때에는 내가 예루살렘에 있지 아니
하였느니라 바벨론 왕 아닥사스다 삼십이
년에 내가 왕에게 나아갔다가 며칠 후에
왕에게 말미를 청하고

7 예루살렘에 이르러서야 엘리아십이
도비야를 위하여 하나님의 전 뜰에 방을
만든 악한 일을 안지라

8 내가 심히 근심하여 도비야의 세간을
그 방 밖으로 다 내어 던지고

9 명령하여 그 방을 정결하게 하고 하나
님의 전의 그릇과 소제물과 유향을 다시
그리로 들여놓았느니라

10 내가 또 알아본즉 레위 사람들이 받을
몫을 주지 아니하였으므로 그 직무를 행
하는 레위 사람들과 노래하는 자들이 각
각 자기 밭으로 도망하였기로

11 내가 모든 민장들을 꾸짖어 이르기를
하나님의 전이 어찌하여 버린 바 되었느
냐 하고 곧 레위 사람을 불러 모아 다시
제자리에 세웠더니

12 이에 온 유다가 곡식과 새 포도주와 기
름의 십일조를 가져다가 곳간에 들이므
로

13 내가 제사장 셀레먀와 서기관 사독과

5

6

7

8

9

10

11

12

13

레위 사람 브다야를 창고지기로 삼고 맛
다냐의 손자 삭굴의 아들 하난을 버금으
로 삼았나니 이는 그들이 충직한 자로 인
정됨이라 그 직분은 형제들에게 분배하
는 일이었느니라

14 내 하나님이여 이 일로 말미암아 나를
기억하옵소서 내 하나님의 전과 그 모든
직무를 위하여 내가 행한 선한 일을 도말
하지 마옵소서

15 그 때에 내가 본즉 유다에서 어떤 사람
이 안식일에 술틀을 밟고 곡식단을 나귀
에 실어 운반하며 포도주와 포도와 무화
과와 여러 가지 짐을 지고 안식일에 예루
살렘에 들어와서 음식물을 팔기로 그 날
에 내가 경계하였고

16 또 두로 사람이 예루살렘에 살며 물고
기와 각양 물건을 가져다가 안식일에 예
루살렘에서도 유다 자손에게 팔기로

17 내가 유다의 모든 귀인들을 꾸짖어 그
들에게 이르기를 너희가 어찌 이 악을 행
하여 안식일을 범하느냐

18 너희 조상들이 이같이 행하지 아니하
였느냐 그래서 우리 하나님이 이 모든 재
앙을 우리와 이 성읍에 내리신 것이 아니
냐 그럼에도 불구하고 너희가 안식일을
범하여 진노가 이스라엘에게 더욱 심하
게 임하도록 하는도다 하고

19 안식일 전 예루살렘 성문이 어두워갈
때에 내가 성문을 닫고 안식일이 지나기
전에는 열지 말라 하고 나를 따르는 종자

14

15

16

17

18

19

몇을 성문마다 세워 안식일에는 아무 짐
도 들어오지 못하게 하였으므로

20 장사꾼들과 각양 물건 파는 자들이 한
두 번 예루살렘 성 밖에서 자므로

21 내가 그들에게 경계하여 이르기를 너
희가 어찌하여 성 밑에서 자느냐 다시 이
같이 하면 내가 잡으리라 하였더니 그후
부터는 안식일에 그들이 다시 오지 아니
하였느니라

22 내가 또 레위 사람들에게 몸을 정결하
게 하고 와서 성문을 지켜서 안식일을 거
룩하게 하라 하였느니라 내 하나님이여
나를 위하여 이 일도 기억하시옵고 주의
크신 은혜대로 나를 아끼시옵소서

23 그 때에 내가 또 본즉 유다 사람이 아
스돗과 암몬과 모압 여인을 맞아 아내로
삼았는데

24 그들의 자녀가 아스돗 방언을 절반쯤
은 하여도 유다 방언은 못하니 그 하는 말
이 각 족속의 방언이므로

25 내가 그들을 책망하고 저주하며 그들
중 몇 사람을 때리고 그들의 머리털을 뽑
고 이르되 너희는 너희 딸들을 그들의 아
들들에게 주지 말고 너희 아들들이나 너
희를 위하여 그들의 딸을 데려오지 아니
하겠다고 하나님을 가리켜 맹세하라 하
고

26 또 이르기를 옛적에 이스라엘 왕 솔로
몬이 이 일로 범죄하지 아니하였느냐 그
는 많은 나라 중에 비길 왕이 없이 하나님

20

21

22

23

24

25

26

의 사랑을 입은 자라 하나님이 그를 왕으
로 삼아 온 이스라엘을 다스리게 하셨으
나 이방 여인이 그를 범죄하게 하였나니

27 너희가 이방 여인을 아내로 맞아 이 모
든 큰 악을 행하여 우리 하나님께 범죄하
는 것을 우리가 어찌 용납하겠느냐

28 대제사장 엘리아십의 손자 요야다의
아들 하나가 호론 사람 산발랏의 사위가
되었으므로 내가 쫓아내어 나를 떠나게
하였느니라

29 내 하나님이여 그들이 제사장의 직분
을 더럽히고 제사장의 직분과 레위 사람
에 대한 언약을 어겼사오니 그들을 기억
하옵소서

30 내가 이와 같이 그들에게 이방 사람을
떠나게 하여 그들을 깨끗하게 하고 또 제
사장과 레위 사람의 반열을 세워 각각 자
기의 일을 맡게 하고

31 또 정한 기한에 나무와 처음 익은 것을
드리게 하였사오니 내 하나님이여 나를
기억하사 복을 주옵소서

27

28

29

30

31

손글씨 성경

에스더 Esther

와스디 왕후가 폐위되다

1 이 일은 아하수에로 왕 때에 있었던 일
이니 아하수에로는 인도로부터 구스까
지 백이십칠 지방을 다스리는 왕이라

2 당시에 아하수에로 왕이 수산 궁에서
즉위하고

3 왕위에 있은 지 제삼년에 그의 모든 지
방관과 신하들을 위하여 잔치를 베푸니
바사와 메대의 장수와 각 지방의 귀족과
지방관들이 다 왕 앞에 있는지라

4 왕이 여러 날 곧 백팔십 일 동안에 그
의 영화로운 나라의 부함과 위엄의 혁혁
함을 나타내니라

5 이 날이 지나매 왕이 또 도성 수산에
있는 귀천간의 백성을 위하여 왕궁 후원
뜰에서 칠 일 동안 잔치를 베풀새

6 백색, 녹색, 청색 휘장을 자색 가는 베
줄로 대리석 기둥 은고리에 매고 금과 은
으로 만든 걸상을 화반석, 백석, 운모석,
흑석을 깐 땅에 진설하고

7 금 잔으로 마시게 하니 잔의 모양이 각
기 다르고 왕이 풍부하였으므로 어주가
한이 없으며

8 마시는 것도 법도가 있어 사람으로 억
지로 하지 않게 하니 이는 왕이 모든 궁내
관리에게 명령하여 각 사람이 마음대로
하게 함이더라

와스디 왕후가 폐위되다

1

2

3

4

5

6

7

8

9 왕후 와스디도 아하수에로 왕궁에서 여인들을 위하여 잔치를 베푸니라	9
10 제칠일에 왕이 주흥이 일어나서 어전 내시 므후만과 비스다와 하르보나와 빅 다와 아박다와 세달과 가르가스 일곱 사 람을 명령하여	10
11 왕후 와스디를 청하여 왕후의 관을 정 제하고 왕 앞으로 나아오게 하여 그의 아 리따움을 뭇 백성과 지방관들에게 보이 게 하라 하니 이는 왕후의 용모가 보기에 좋음이라	11
12 그러나 왕후 와스디는 내시가 전하는 왕명을 따르기를 싫어하니 왕이 진노하 여 마음속이 불 붙는 듯하더라	12
13 왕이 사례를 아는 현자들에게 묻되 (왕 이 규례와 법률을 아는 자에게 묻는 전례 가 있는데	13
14 그 때에 왕에게 가까이 하여 왕의 기색 을 살피며 나라 첫 자리에 앉은 자는 바사 와 메대의 일곱 지방관 곧 가르스나와 세 달과 아드마다와 다시스와 메레스와 마 르스나와 므무간이라)	14
15 왕후 와스디가 내시가 전하는 아하수 에로 왕의 명령을 따르지 아니하니 규례 대로 하면 어떻게 처치할까	15
16 므무간이 왕과 지방관 앞에서 대답하 여 이르되 왕후 와스디가 왕에게만 잘못 했을 뿐 아니라 아하수에로 왕의 각 지방 의 관리들과 뭇 백성에게도 잘못하였나 이다	16

17 아하수에로 왕이 명령하여 왕후 와스
디를 청하여도 오지 아니하였다 하는 왕
후의 행위의 소문이 모든 여인들에게 전
파되면 그들도 그들의 남편을 멸시할 것
인즉

18 오늘이라도 바사와 메대의 귀부인들
이 왕후의 행위를 듣고 왕의 모든 지방관
들에게 그렇게 말하리니 멸시와 분노가
많이 일어나리이다

19 왕이 만일 좋게 여기실진대 와스디가
다시는 왕 앞에 오지 못하게 하는 조서를
내리되 바사와 메대의 법률에 기록하여
변개함이 없게 하고 그 왕후의 자리를 그
보다 나은 사람에게 주소서

20 왕의 조서가 이 광대한 전국에 반포되
면 귀천을 막론하고 모든 여인들이 그들
의 남편을 존경하리이다 하니라

21 왕과 지방관들이 그 말을 옳게 여긴지
라 왕이 므무간의 말대로 행하여

22 각 지방 각 백성의 문자와 언어로 모든
지방에 조서를 내려 이르기를 남편이 자
기의 집을 주관하게 하고 자기 민족의 언
어로 말하게 하라 하였더라

에스더가 왕후가 되다

2 그 후에 아하수에로 왕의 노가 그치매
와스디와 그가 행한 일과 그에 대하여
내린 조서를 생각하거늘

2 왕의 측근 신하들이 아뢰되 왕은 왕을
위하여 아리따운 처녀들을 구하게 하시
되

17

18

19

20

21

22

에스더가 왕후가 되다

2

2

3 전국 각 지방에 관리를 명령하여 아리
따운 처녀를 다 도성 수산으로 모아 후궁
으로 들여 궁녀를 주관하는 내시 헤개의
손에 맡겨 그 몸을 정결하게 하는 물품을
주게 하시고

4 왕의 눈에 아름다운 처녀를 와스디 대
신 왕후로 삼으소서 하니 왕이 그 말을 좋
게 여겨 그대로 행하니라

5 도성 수산에 한 유다인이 있으니 이름
은 모르드개라 그는 베냐민 자손이니 기
스의 증손이요 시므이의 손자요 야일의
아들이라

6 전에 바벨론 왕 느부갓네살이 예루살
렘에서 유다 왕 여고냐와 백성을 사로잡
아 갈 때에 모르드개도 함께 사로잡혔더
라

7 그의 삼촌의 딸 하닷사 곧 에스더는 부
모가 없었으나 용모가 곱고 아리따운 처
녀라 그의 부모가 죽은 후에 모르드개가
자기 딸 같이 양육하더라

8 왕의 조서와 명령이 반포되매 처녀들
이 도성 수산에 많이 모여 헤개의 수하에
나아갈 때에 에스더도 왕궁으로 이끌려
가서 궁녀를 주관하는 헤개의 수하에 속
하니

9 헤개가 이 처녀를 좋게 보고 은혜를 베
풀어 몸을 정결하게 할 물품과 일용품을
곧 주며 또 왕궁에서 으레 주는 일곱 궁녀
를 주고 에스더와 그 궁녀들을 후궁 아름
다운 처소로 옮기더라

10 에스더가 자기의 민족과 종족을 말하
지 아니하니 이는 모르드개가 명령하여
말하지 말라 하였음이라

11 모르드개가 날마다 후궁 뜰 앞으로 왕
래하며 에스더의 안부와 어떻게 될지를
알고자 하였더라

12 처녀마다 차례대로 아하수에로 왕에
게 나아가기 전에 여자에 대하여 정한 규
례대로 열두 달 동안을 행하되 여섯 달은
몰약 기름을 쓰고 여섯 달은 향품과 여자
에게 쓰는 다른 물품을 써서 몸을 정결하
게 하는 기한을 마치며

13 처녀가 왕에게 나아갈 때에는 그가 구하
는 것을 다 주어 후궁에서 왕궁으로 가지고
가게 하고

14 저녁이면 갔다가 아침에는 둘째 후궁
으로 돌아와서 비빈을 주관하는 내시 사
아스가스의 수하에 속하고 왕이 그를 기
뻐하여 그의 이름을 부르지 아니하면 다
시 왕에게 나아가지 못하더라

15 모르드개의 삼촌 아비하일의 딸 곧 모
르드개가 자기의 딸 같이 양육하는 에스
더가 차례대로 왕에게 나아갈 때에 궁녀
를 주관하는 내시 헤개가 정한 것 외에는
다른 것을 구하지 아니하였으나 모든 보
는 자에게 사랑을 받더라

16 아하수에로 왕의 제칠년 시월 곧 데벳
월에 에스더가 왕궁에 인도되어 들어가
서 왕 앞에 나아가니

17 왕이 모든 여자보다 에스더를 더 사랑

10

11

12

13

14

15

16

17

하므로 그가 모든 처녀보다 왕 앞에 더 은
총을 얻은지라 왕이 그의 머리에 관을 씌
우고 와스디를 대신하여 왕후로 삼은 후
에

18 왕이 크게 잔치를 베푸니 이는 에스더
를 위한 잔치라 모든 지방관과 신하들을
위하여 잔치를 베풀고 또 각 지방의 세금
을 면제하고 왕의 이름으로 큰 상을 주니
라

18

모르드개가 왕의 목숨을 구하다

모르드개가 왕의 목숨을 구하다

19 처녀들을 다시 모을 때에는 모르드개
가 대궐 문에 앉았더라

19

20 에스더는 모르드개가 명령한 대로 그
종족과 민족을 말하지 아니하니 그가 모
르드개의 명령을 양육 받을 때와 같이 따
름이더라

20

21 모르드개가 대궐 문에 앉았을 때에 문
을 지키던 왕의 내시 빅단과 데레스 두 사
람이 원한을 품고 아하수에로 왕을 암살
하려는 음모를 꾸미는 것을

21

22 모르드개가 알고 왕후 에스더에게 알
리니 에스더가 모르드개의 이름으로 왕
에게 아뢴지라

22

23 조사하여 실증을 얻었으므로 두 사람
을 나무에 달고 그 일을 왕 앞에서 궁중
일기에 기록하니라

23

하만이 유다 사람을 멸하고자 하다

하만이 유다 사람을 멸하고자 하다

3 그 후에 아하수에로 왕이 아각 사람
함므다다의 아들 하만의 지위를 높이
올려 함께 있는 모든 대신 위에 두니

3

2 대궐 문에 있는 왕의 모든 신하들이 다
왕의 명령대로 하만에게 꿇어 절하되 모
르드개는 꿇지도 아니하고 절하지도 아
니하니

3 대궐 문에 있는 왕의 신하들이 모르드
개에게 이르되 너는 어찌하여 왕의 명령
을 거역하느냐 하고

4 날마다 권하되 모르드개가 듣지 아니
하고 자기는 유다인임을 알렸더니 그들이
모르드개의 일이 어찌 되나 보고자 하여
하만에게 전하였더라

5 하만이 모르드개가 무릎을 꿇지도 아
니하고 절하지도 아니함을 보고 매우 노
하더니

6 그들이 모르드개의 민족을 하만에게
알리므로 하만이 모르드개만 죽이는 것
이 부족하다고 생각하고 아하수에로의
온 나라에 있는 유다인 곧 모르드개의 민
족을 다 멸하고자 하더라

7 아하수에로 왕 제십이년 첫째 달 곧 니
산월에 무리가 하만 앞에서 날과 달에 대
하여 부르 곧 제비를 뽑아 열두째 달 곧
아달월을 얻은지라

8 하만이 아하수에로 왕에게 아뢰되 한
민족이 왕의 나라 각 지방 백성 중에 흩어
져 거하는데 그 법률이 만민의 것과 달라
서 왕의 법률을 지키지 아니하오니 용납
하는 것이 왕에게 무익하니이다

9 왕이 옳게 여기시거든 조서를 내려 그
들을 진멸하소서 내가 은 일만 달란트를

2

3

4

5

6

7

8

9

왕의 일을 맡은 자의 손에 맡겨 왕의 금고
에 드리리이다 하니

10 왕이 반지를 손에서 빼어 유다인의 대
적 곧 아각 사람 함므다다의 아들 하만에
게 주며

11 이르되 그 은을 네게 주고 그 백성도
그리하노니 너의 소견에 좋을 대로 행하
라 하더라

12 첫째 달 십삼일에 왕의 서기관이 소집
되어 하만의 명령을 따라 왕의 대신과 각
지방의 관리와 각 민족의 관원에게 아하
수에로 왕의 이름으로 조서를 쓰되 곧 각
지방의 문자와 각 민족의 언어로 쓰고 왕
의 반지로 인치니라

13 이에 그 조서를 역졸에게 맡겨 왕의 각
지방에 보내니 열두째 달 곧 아달월 십삼
일 하루 동안에 모든 유다인을 젊은이 늙
은이 어린이 여인들을 막론하고 죽이고
도륙하고 진멸하고 또 그 재산을 탈취하
라 하였고

14 이 명령을 각 지방에 전하기 위하여 조
서의 초본을 모든 민족에게 선포하여 그
날을 위하여 준비하게 하라 하였더라

15 역졸이 왕의 명령을 받들어 급히 나가
매 그 조서가 도성 수산에도 반포되니 왕
은 하만과 함께 앉아 마시되 수산 성은 어
지럽더라

에스더가 백성을 구원하겠다고 하다

4 모르드개가 이 모든 일을 알고 자기의
옷을 찢고 굵은 베 옷을 입고 재를 뒤

10

11

12

13

14

15

에스더가 백성을 구원하겠다고 하다

4

집어쓰고 성중에 나가서 대성 통곡하며
2 대궐 문 앞까지 이르렀으니 굵은 베 옷
을 입은 자는 대궐 문에 들어가지 못함이
라
3 왕의 명령과 조서가 각 지방에 이르매
유다인이 크게 애통하여 금식하며 울며
부르짖고 굵은 베 옷을 입고 재에 누운 자
가 무수하더라
4 에스더의 시녀와 내시가 나아와 전하
니 왕후가 매우 근심하여 입을 의복을 모
르드개에게 보내어 그 굵은 베 옷을 벗기
고자 하나 모르드개가 받지 아니하는지
라
5 에스더가 왕의 어명으로 자기에게 가
까이 있는 내시 하닥을 불러 명령하여 모
르드개에게 가서 이것이 무슨 일이며 무
엇 때문인가 알아보라 하매
6 하닥이 대궐 문 앞 성 중 광장에 있는
모르드개에게 이르니
7 모르드개가 자기가 당한 모든 일과 하
만이 유다인을 멸하려고 왕의 금고에 바
치기로 한 은의 정확한 액수를 하닥에게
말하고
8 또 유다인을 진멸하라고 수산 궁에서
내린 조서 초본을 하닥에게 주어 에스더
에게 보여 알게 하고 또 그에게 부탁하여
왕에게 나아가서 그 앞에서 자기 민족을
위하여 간절히 구하라 하니
9 하닥이 돌아와 모르드개의 말을 에스
더에게 알리매

2

3

4

5

6

7

8

9

10 에스더가 하닥에게 이르되 너는 모르
드개에게 전하기를

11 왕의 신하들과 왕의 각 지방 백성이 다
알거니와 남녀를 막론하고 부름을 받지
아니하고 안뜰에 들어가서 왕에게 나가
면 오직 죽이는 법이요 왕이 그 자에게 금
규를 내밀어야 살 것이라 이제 내가 부름
을 입어 왕에게 나가지 못한 지가 이미 삼
십 일이라 하라 하니라

12 그가 에스더의 말을 모르드개에게 전
하매

13 모르드개가 그를 시켜 에스더에게 회답
하되 너는 왕궁에 있으니 모든 유다인 중
에 홀로 목숨을 건지리라 생각하지 말라

14 이 때에 네가 만일 잠잠하여 말이 없으
면 유다인은 다른 데로 말미암아 놓임과
구원을 얻으려니와 너와 네 아버지 집은
멸망하리라 네가 왕후의 자리를 얻은 것
이 이 때를 위함이 아닌지 누가 알겠느냐
하니

15 에스더가 모르드개에게 회답하여 이
르되

16 당신은 가서 수산에 있는 유다인을 다
모으고 나를 위하여 금식하되 밤낮 삼 일
을 먹지도 말고 마시지도 마소서 나도 나
의 시녀와 더불어 이렇게 금식한 후에 규
례를 어기고 왕에게 나아가리니 죽으면
죽으리이다 하니라

17 모르드개가 가서 에스더가 명령한 대
로 다 행하니라

10

11

12

13

14

15

16

17

에스더가 왕과 하만을 잔치에 청하다

5 제삼일에 에스더가 왕후의 예복을 입
고 왕궁 안 뜰 곧 어전 맞은편에 서니
왕이 어전에서 전 문을 대하여 왕좌에 앉
았다가
2 왕후 에스더가 뜰에 선 것을 본즉 매우
사랑스러우므로 손에 잡았던 금 규를 그
에게 내미니 에스더가 가까이 가서 금 규
끝을 만진지라
3 왕이 이르되 왕후 에스더여 그대의 소
원이 무엇이며 요구가 무엇이냐 나라의
절반이라도 그대에게 주겠노라 하니
4 에스더가 이르되 오늘 내가 왕을 위하
여 잔치를 베풀었사오니 왕이 좋게 여기
시거든 하만과 함께 오소서 하니
5 왕이 이르되 에스더가 말한 대로 하도
록 하만을 급히 부르라 하고 이에 왕이 하
만과 함께 에스더가 베푼 잔치에 가니라
6 잔치의 술을 마실 때에 왕이 에스더에
게 이르되 그대의 소청이 무엇이뇨 곧 허
락하겠노라 그대의 요구가 무엇이뇨 나
라의 절반이라 할지라도 시행하겠노라
하니
7 에스더가 대답하여 이르되 나의 소청,
나의 요구가 이러하니이다
8 내가 만일 왕의 목전에서 은혜를 입었
고 왕이 내 소청을 허락하시며 내 요구를
시행하시기를 좋게 여기시면 내가 왕과
하만을 위하여 베푸는 잔치에 또 오소서
내일은 왕의 말씀대로 하리이다 하니라

에스더가 왕과 하만을 잔치에 청하다

5

2

3

4

5

6

7

8

하만의 음모

9 그 날 하만이 마음이 기뻐 즐거이 나오
더니 모르드개가 대궐 문에 있어 일어나
지도 아니하고 몸을 움직이지도 아니하
는 것을 보고 매우 노하나

10 참고 집에 돌아와서 사람을 보내어 그
의 친구들과 그의 아내 세레스를 청하여

11 자기의 큰 영광과 자녀가 많은 것과 왕
이 자기를 들어 왕의 모든 지방관이나 신
하들보다 높인 것을 다 말하고

12 또 하만이 이르되 왕후 에스더가 그 베
푼 잔치에 왕과 함께 오기를 허락 받은 자
는 나밖에 없었고 내일도 왕과 함께 청함
을 받았느니라

13 그러나 유다 사람 모르드개가 대궐 문
에 앉은 것을 보는 동안에는 이 모든 일이
만족하지 아니하도다 하니

14 그의 아내 세레스와 모든 친구들이 이
르되 높이가 오십 규빗 되는 나무를 세우
고 내일 왕에게 모르드개를 그 나무에 매
달기를 구하고 왕과 함께 즐거이 잔치에
가소서 하니 하만이 그 말을 좋게 여기고
명령하여 나무를 세우니라

왕이 모르드개를 존귀하게 하다

6 그 날 밤에 왕이 잠이 오지 아니하므
로 명령하여 역대 일기를 가져다가 자
기 앞에서 읽히더니

2 그 속에 기록하기를 문을 지키던 왕의
두 내시 빅다나와 데레스가 아하수에로
왕을 암살하려는 음모를 모르드개가 고

하만의 음모
9
10
11
12
13
14
왕이 모르드개를 존귀하게 하다
6
2

발하였다 하였는지라

3 왕이 이르되 이 일에 대하여 무슨 존귀
와 관작을 모르드개에게 베풀었느냐 하
니 측근 신하들이 대답하되 아무것도 베
풀지 아니하였나이다 하니라

4 왕이 이르되 누가 뜰에 있느냐 하매 마
침 하만이 자기가 세운 나무에 모르드개
달기를 왕께 구하고자 하여 왕궁 바깥뜰
에 이른지라

5 측근 신하들이 아뢰되 하만이 뜰에 섰
나이다 하니 왕이 이르되 들어오게 하라
하니

6 하만이 들어오거늘 왕이 묻되 왕이 존
귀하게 하기를 원하는 사람에게 어떻게
하여야 하겠느냐 하만이 심중에 이르되
왕이 존귀하게 하기를 원하시는 자는 나
외에 누구리요 하고

7 왕께 아뢰되 왕께서 사람을 존귀하게
하시려면

8 왕께서 입으시는 왕복과 왕께서 타시
는 말과 머리에 쓰시는 왕관을 가져다가

9 그 왕복과 말을 왕의 신하 중 가장 존
귀한 자의 손에 맡겨서 왕이 존귀하게 하
시기를 원하시는 사람에게 옷을 입히고
말을 태워서 성 중 거리로 다니며 그 앞에
서 반포하여 이르기를 왕이 존귀하게 하
기를 원하시는 사람에게는 이같이 할 것
이라 하게 하소서 하니라

10 이에 왕이 하만에게 이르되 너는 네 말
대로 속히 왕복과 말을 가져다가 대궐 문

3

4

5

6

7

8

9

10

에 앉은 유다 사람 모르드개에게 행하되
무릇 네가 말한 것에서 조금도 빠짐이 없
이 하라

11 하만이 왕복과 말을 가져다가 모르드
개에게 옷을 입히고 말을 태워 성 중 거리
로 다니며 그 앞에서 반포하되 왕이 존귀
하게 하시기를 원하시는 사람에게는 이
같이 할 것이라 하니라

12 모르드개는 다시 대궐 문으로 돌아오
고 하만은 번뇌하여 머리를 싸고 급히 집
으로 돌아가서

13 자기가 당한 모든 일을 그의 아내 세레
스와 모든 친구에게 말하매 그 중 지혜로
운 자와 그의 아내 세레스가 이르되 모르
드개가 과연 유다 사람의 후손이면 당신
이 그 앞에서 굴욕을 당하기 시작하였으
니 능히 그를 이기지 못하고 분명히 그 앞
에 엎드러지리이다

14 아직 말이 그치지 아니하여서 왕의 내
시들이 이르러 하만을 데리고 에스더가
베푼 잔치에 빨리 나아가니라

하만의 몰락

7 왕이 하만과 함께 또 왕후 에스더의
잔치에 가니라

2 왕이 이 둘째 날 잔치에 술을 마실 때
에 다시 에스더에게 물어 이르되 왕후 에
스더여 그대의 소청이 무엇이냐 곧 허락
하겠노라 그대의 요구가 무엇이냐 곧 나
라의 절반이라 할지라도 시행하겠노라

3 왕후 에스더가 대답하여 이르되 왕이

11
12
13
14
하만의 몰락
7
2
3

여 내가 만일 왕의 목전에서 은혜를 입었
으며 왕이 좋게 여기시면 내 소청대로 내
생명을 내게 주시고 내 요구대로 내 민족
을 내게 주소서

4 나와 내 민족이 팔려서 죽임과 도륙함
과 진멸함을 당하게 되었나이다 만일 우
리가 노비로 팔렸더라면 내가 잠잠하였
으리이다 그래도 대적이 왕의 손해를 보
충하지 못하였으리이다 하니

5 아하수에로 왕이 왕후 에스더에게 말
하여 이르되 감히 이런 일을 심중에 품은
자가 누구며 그가 어디 있느냐 하니

6 에스더가 이르되 대적과 원수는 이 악
한 하만이니이다 하니 하만이 왕과 왕후
앞에서 두려워하거늘

7 왕이 노하여 일어나서 잔치 자리를 떠
나 왕궁 후원으로 들어가니라 하만이 일어
서서 왕후 에스더에게 생명을 구하니 이는
왕이 자기에게 벌을 내리기로 결심한 줄
앎이더라

8 왕이 후원으로부터 잔치 자리에 돌아
오니 하만이 에스더가 앉은 걸상 위에 엎
드렸거늘 왕이 이르되 저가 궁중 내 앞에
서 왕후를 강간까지 하고자 하는가 하니
이 말이 왕의 입에서 나오매 무리가 하만
의 얼굴을 싸더라

9 왕을 모신 내시 중에 하르보나가 왕에
게 아뢰되 왕을 위하여 충성된 말로 고발
한 모르드개를 달고자 하여 하만이 높이
가 오십 규빗 되는 나무를 준비하였는데

4

5

6

7

8

9

이제 그 나무가 하만의 집에 섰나이다 왕
이 이르되 하만을 그 나무에 달라 하매

10 모르드개를 매달려고 한 나무에 하만
을 다니 왕의 노가 그치니라

유다 사람에게 살 길이 열리다

8 그 날 아하수에로 왕이 유다인의 대
적 하만의 집을 왕후 에스더에게 주
니라 에스더가 모르드개는 자기에게 어
떻게 관계됨을 왕께 아뢰었으므로 모르
드개가 왕 앞에 나오니

2 왕이 하만에게서 거둔 반지를 빼어 모
르드개에게 준지라 에스더가 모르드개에
게 하만의 집을 관리하게 하니라

3 에스더가 다시 왕 앞에서 말씀하며 왕
의 발 아래 엎드려 아각 사람 하만이 유다
인을 해하려 한 악한 꾀를 제거하기를 울
며 구하니

4 왕이 에스더를 향하여 금 규를 내미는
지라 에스더가 일어나 왕 앞에 서서

5 이르되 왕이 만일 즐거워하시며 내가
왕의 목전에 은혜를 입었고 또 왕이 이 일
을 좋게 여기시며 나를 좋게 보실진대 조
서를 내리사 아각 사람 함므다다의 아들
하만이 왕의 각 지방에 있는 유다인을 진
멸하려고 꾀하고 쓴 조서를 철회하소서

6 내가 어찌 내 민족이 화 당함을 차마
보며 내 친척의 멸망함을 차마 보리이까
하니

7 아하수에로 왕이 왕후 에스더와 유다
인 모르드개에게 이르되 하만이 유다인

10

유다 사람에게 살 길이 열리다

8

2

3

4

5

6

7

을 살해하려 하므로 나무에 매달렸고 내
가 그 집을 에스더에게 주었으니

8 너희는 왕의 명의로 유다인에게 조서
를 뜻대로 쓰고 왕의 반지로 인을 칠지어
다 왕의 이름을 쓰고 왕의 반지로 인친 조
서는 누구든지 철회할 수 없음이니라 하
니라

9 그 때 시완월 곧 삼월 이십삼일에 왕
의 서기관이 소집되고 모르드개가 시키
는 대로 조서를 써서 인도로부터 구스까
지의 백이십칠 지방 유다인과 대신과 지
방관과 관원에게 전할새 각 지방의 문자
와 각 민족의 언어와 유다인의 문자와 언
어로 쓰되

10 아하수에로 왕의 명의로 쓰고 왕의 반
지로 인을 치고 그 조서를 역졸들에게 부
쳐 전하게 하니 그들은 왕궁에서 길러서
왕의 일에 쓰는 준마를 타는 자들이라

11 조서에는 왕이 여러 고을에 있는 유다
인에게 허락하여 그들이 함께 모여 스스
로 생명을 보호하여 각 지방의 백성 중 세
력을 가지고 그들을 치려하는 자들과 그
들의 처자를 죽이고 도륙하고 진멸하고
그 재산을 탈취하게 하되

12 아하수에로 왕의 각 지방에서 아달월
곧 십이월 십삼일 하루 동안에 하게 하였
고

13 이 조서 초본을 각 지방에 전하고 각
민족에게 반포하고 유다인들에게 준비하
였다가 그 날에 대적에게 원수를 갚게 한

지라

14 왕의 어명이 매우 급하매 역졸이 왕의
일에 쓰는 준마를 타고 빨리 나가고 그 조
서가 도성 수산에도 반포되니라

15 모르드개가 푸르고 흰 조복을 입고 큰
금관을 쓰고 자색 가는 베 겉옷을 입고 왕
앞에서 나오니 수산 성이 즐거이 부르며
기뻐하고

16 유다인에게는 영광과 즐거움과 기쁨
과 존귀함이 있는지라

17 왕의 어명이 이르는 각 지방, 각 읍에
서 유다인들이 즐기고 기뻐하여 잔치를
베풀고 그 날을 명절로 삼으니 본토 백성
이 유다인을 두려워하여 유다인 되는 자
가 많더라

유다 사람이 대적들을 진멸하다

9 아달월 곧 열두째 달 십삼일은 왕의
어명을 시행하게 된 날이라 유다인의
대적들이 그들을 제거하기를 바랐더니
유다인이 도리어 자기들을 미워하는 자
들을 제거하게 된 그 날에

2 유다인들이 아하수에로 왕의 각 지방,
각 읍에 모여 자기들을 해하고자 한 자를
죽이려 하니 모든 민족이 그들을 두려워
하여 능히 막을 자가 없고

3 각 지방 모든 지방관과 대신들과 총독
들과 왕의 사무를 보는 자들이 모르드개
를 두려워하므로 다 유다인을 도우니

4 모르드개가 왕궁에서 존귀하여 점점
창대하매 이 사람 모르드개의 명성이 각

14
15
16
17
유다 사람이 대적들을 진멸하다
9
2
3
4

지방에 퍼지더라

5 유다인이 칼로 그 모든 대적들을 쳐서
도륙하고 진멸하고 자기를 미워하는 자
에게 마음대로 행하고

6 유다인이 또 도성 수산에서 오백 명을
죽이고 진멸하고

7 또 바산다다와 달본과 아스바다와

8 보라다와 아달리야와 아리다다와

9 바마스다와 아리새와 아리대와 왜사
다

10 곧 함므다다의 손자요 유다인의 대적
하만의 열 아들을 죽였으나 그들의 재산
에는 손을 대지 아니하였더라

11 그 날에 도성 수산에서 도륙한 자의 수
효를 왕께 아뢰니

12 왕이 왕후 에스더에게 이르되 유다인
이 도성 수산에서 이미 오백 명을 죽이고
멸하고 또 하만의 열 아들을 죽였으니 왕
의 다른 지방에서는 어떠하였겠느냐 이
제 그대의 소청이 무엇이냐 곧 허락하겠
노라 그대의 요구가 무엇이냐 또한 시행
하겠노라 하니

13 에스더가 이르되 왕이 만일 좋게 여기
시면 수산에 사는 유다인들이 내일도 오
늘 조서대로 행하게 하시고 하만의 열 아
들의 시체를 나무에 매달게 하소서 하니

14 왕이 그대로 행하기를 허락하고 조서
를 수산에 내리니 하만의 열 아들의 시체
가 매달리니라

15 아달월 십사일에도 수산에 있는 유다

5
6
7
8
9
10
11
12
13
14
15

인이 모여 또 삼백 명을 수산에서 도륙하
되 그들의 재산에는 손을 대지 아니하였
고

16 왕의 각 지방에 있는 다른 유다인들이
모여 스스로 생명을 보호하여 대적들에
게서 벗어나며 자기들을 미워하는 자 칠
만 오천 명을 도륙하되 그들의 재산에는
손을 대지 아니하였더라

17 아달월 십삼일에 그 일을 행하였고 십
사일에 쉬며 그 날에 잔치를 베풀어 즐겼
고

18 수산에 사는 유다인들은 십삼일과 십
사일에 모였고 십오일에 쉬며 이 날에 잔
치를 베풀어 즐긴지라

19 그러므로 시골의 유다인 곧 성이 없는
고을고을에 사는 자들이 아달월 십사일
을 명절로 삼아 잔치를 베풀고 즐기며 서
로 예물을 주더라

부림일

20 모르드개가 이 일을 기록하고 아하수에
로 왕의 각 지방에 있는 모든 유다인에게
원근을 막론하고 글을 보내어 이르기를

21 한 규례를 세워 해마다 아달월 십사일
과 십오일을 지키라

22 이 달 이 날에 유다인들이 대적에게서
벗어나서 평안함을 얻어 슬픔이 변하여
기쁨이 되고 애통이 변하여 길한 날이 되
었으니 이 두 날을 지켜 잔치를 베풀고 즐
기며 서로 예물을 주며 가난한 자를 구제
하라 하매

16

17

18

19

부림일

20

21

22

23 유다인이 자기들이 이미 시작한 대로
또한 모르드개가 보낸 글대로 계속하여
행하였으니

24 곧 아각 사람 함므다다의 아들 모든 유
다인의 대적 하만이 유다인을 진멸하기
를 꾀하고 부르 곧 제비를 뽑아 그들을 죽
이고 멸하려 하였으나

25 에스더가 왕 앞에 나아감으로 말미암
아 왕이 조서를 내려 하만이 유다인을 해
하려던 악한 꾀를 그의 머리에 돌려보내
어 하만과 그의 여러 아들을 나무에 달게
하였으므로

26 무리가 부르의 이름을 따라 이 두 날을
부림이라 하고 유다인이 이 글의 모든 말
과 이 일에 보고 당한 것으로 말미암아

27 뜻을 정하고 자기들과 자손과 자기들과
화합한 자들이 해마다 그 기록하고 정해 놓
은 때 이 두 날을 이어서 지켜 폐하지 아니
하기로 작정하고

28 각 지방, 각 읍, 각 집에서 대대로 이 두
날을 기념하여 지키되 이 부림일을 유다
인 중에서 폐하지 않게 하고 그들의 후손
들이 계속해서 기념하게 하였더라

29 아비하일의 딸 왕후 에스더와 유다인
모르드개가 전권으로 글을 쓰고 부림에
대한 이 둘째 편지를 굳게 지키게 하되

30 화평하고 진실한 말로 편지를 써서 아
하수에로의 나라 백이십칠 지방에 있는
유다 모든 사람에게 보내어

31 정한 기간에 이 부림일을 지키게 하였

23

24

25

26

27

28

29

30

31

으니 이는 유다인 모르드개와 왕후 에스
더가 명령한 바와 유다인이 금식하며 부
르짖은 것으로 말미암아 자기와 자기 자
손을 위하여 정한 바가 있음이더라

32 에스더의 명령이 이 부림에 대한 일을
견고하게 하였고 그 일이 책에 기록되었
더라

왕과 모르드개가 높임을 받다

10 아하수에로 왕이 그의 본토와 바다
섬들로 하여금 조공을 바치게 하였
더라

2 왕의 능력 있는 모든 행적과 모르드개
를 높여 존귀하게 한 사적이 메대와 바사
왕들의 일기에 기록되지 아니하였느냐

3 유다인 모르드개가 아하수에로 왕의
다음이 되고 유다인 중에 크게 존경받고
그의 허다한 형제에게 사랑을 받고 그의
백성의 이익을 도모하며 그의 모든 종족
을 안위하였더라

32

왕과 모르드개가 높임을 받다

10

2

3

욥기 Job

사탄이 욥을 시험하다

1 우스 땅에 욥이라 불리는 사람이 있었
는데 그 사람은 온전하고 정직하여 하
나님을 경외하며 악에서 떠난 자더라
2 그에게 아들 일곱과 딸 셋이 태어나니
라
3 그의 소유물은 양이 칠천 마리요 낙타
가 삼천 마리요 소가 오백 겨리요 암나귀
가 오백 마리이며 종도 많이 있었으니 이
사람은 동방 사람 중에 가장 훌륭한 자라
4 그의 아들들이 자기 생일에 각각 자기
의 집에서 잔치를 베풀고 그의 누이 세 명
도 청하여 함께 먹고 마시더라
5 그들이 차례대로 잔치를 끝내면 욥이
그들을 불러다가 성결하게 하되 아침에
일어나서 그들의 명수대로 번제를 드렸
으니 이는 욥이 말하기를 혹시 내 아들들
이 죄를 범하여 마음으로 하나님을 욕되
게 하였을까 함이라 욥의 행위가 항상 이
러하였더라
6 하루는 하나님의 아들들이 와서 여호
와 앞에 섰고 사탄도 그들 가운데에 온지
라
7 여호와께서 사탄에게 이르시되 네가
어디서 왔느냐 사탄이 여호와께 대답하
여 이르되 땅을 두루 돌아 여기저기 다녀
왔나이다

사탄이 욥을 시험하다

1

2

3

4

5

6

7

8 여호와께서 사탄에게 이르시되 네가
내 종 욥을 주의하여 보았느냐 그와 같이
온전하고 정직하여 하나님을 경외하며
악에서 떠난 자는 세상에 없느니라

9 사탄이 여호와께 대답하여 이르되 욥
이 어찌 까닭 없이 하나님을 경외하리이
까

10 주께서 그와 그의 집과 그의 모든 소유
물을 울타리로 두르심 때문이 아니니이
까 주께서 그의 손으로 하는 바를 복되게
하사 그의 소유물이 땅에 넘치게 하셨음
이니이다

11 이제 주의 손을 펴서 그의 모든 소유물
을 치소서 그리하시면 틀림없이 주를 향
하여 욕하지 않겠나이까

12 여호와께서 사탄에게 이르시되 내가
그의 소유물을 다 네 손에 맡기노라 다만
그의 몸에는 네 손을 대지 말지니라 사탄
이 곧 여호와 앞에서 물러가니라

욥이 자녀와 재산을 잃다

13 하루는 욥의 자녀들이 그 맏아들의 집
에서 음식을 먹으며 포도주를 마실 때에

14 사환이 욥에게 와서 아뢰되 소는 밭을
갈고 나귀는 그 곁에서 풀을 먹는데

15 스바 사람이 갑자기 이르러 그것들을
빼앗고 칼로 종들을 죽였나이다 나만 홀
로 피하였으므로 주인께 아뢰러 왔나이
다

16 그가 아직 말하는 동안에 또 한 사람이
와서 아뢰되 하나님의 불이 하늘에서 떨

8

9

10

11

12

욥이 자녀와 재산을 잃다

13

14

15

16

어져서 양과 종들을 살라 버렸나이다 나
만 홀로 피하였으므로 주인께 아뢰러 왔
나이다

17 그가 아직 말하는 동안에 또 한 사람이
와서 아뢰되 갈대아 사람이 세 무리를 지
어 갑자기 낙타에게 달려들어 그것을 빼
앗으며 칼로 종들을 죽였나이다 나만 홀
로 피하였으므로 주인께 아뢰러 왔나이
다

18 그가 아직 말하는 동안에 또 한 사람이
와서 아뢰되 주인의 자녀들이 그들의 맏
아들의 집에서 음식을 먹으며 포도주를
마시는데

19 거친 들에서 큰 바람이 와서 집 네 모
퉁이를 치매 그 청년들 위에 무너지므로
그들이 죽었나이다 나만 홀로 피하였으
므로 주인께 아뢰러 왔나이다 한지라

20 욥이 일어나 겉옷을 찢고 머리털을 밀
고 땅에 엎드려 예배하며

21 이르되 내가 모태에서 알몸으로 나왔
사온즉 또한 알몸이 그리로 돌아가올지
라 주신 이도 여호와시요 거두신 이도 여
호와시오니 여호와의 이름이 찬송을 받
으실지니이다 하고

22 이 모든 일에 욥이 범죄하지 아니하고
하나님을 향하여 원망하지 아니하니라

사탄이 다시 욥을 시험하다

2 또 하루는 하나님의 아들들이 와서 여
호와 앞에 서고 사탄도 그들 가운데에
와서 여호와 앞에 서니

17

18

19

20

21

22

사탄이 다시 욥을 시험하다

2

2 여호와께서 사탄에게 이르시되 네가
어디서 왔느냐 사탄이 여호와께 대답하
여 이르되 땅을 두루 돌아 여기 저기 다녀
왔나이다

3 여호와께서 사탄에게 이르시되 네가
내 종 욥을 주의하여 보았느냐 그와 같이
온전하고 정직하여 하나님을 경외하며
악에서 떠난 자가 세상에 없느니라 네가
나를 충동하여 까닭 없이 그를 치게 하였
어도 그가 여전히 자기의 온전함을 굳게
지켰느니라

4 사탄이 여호와께 대답하여 이르되 가
죽으로 가죽을 바꾸오니 사람이 그의 모
든 소유물로 자기의 생명을 바꾸올지라

5 이제 주의 손을 펴서 그의 뼈와 살을
치소서 그리하시면 틀림없이 주를 향하
여 욕하지 않겠나이까

6 여호와께서 사탄에게 이르시되 내가
그를 네 손에 맡기노라 다만 그의 생명은
해하지 말지니라

7 사탄이 이에 여호와 앞에서 물러가서
욥을 쳐서 그의 발바닥에서 정수리까지
종기가 나게 한지라

8 욥이 재 가운데 앉아서 질그릇 조각을
가져다가 몸을 긁고 있더니

9 그의 아내가 그에게 이르되 당신이 그
래도 자기의 온전함을 굳게 지키느냐 하
나님을 욕하고 죽으라

10 그가 이르되 그대의 말이 한 어리석은
여자의 말 같도다 우리가 하나님께 복을

2

3

4

5

6

7

8

9

10

받았은즉 화도 받지 아니하겠느냐 하고
이 모든 일에 욥이 입술로 범죄하지 아니
하니라

친구들이 욥을 위로하러 오다

11 그 때에 욥의 친구 세 사람이 이 모든
재앙이 그에게 내렸다 함을 듣고 각각 자
기 지역에서부터 이르렀으니 곧 데만 사
람 엘리바스와 수아 사람 빌닷과 나아마
사람 소발이라 그들이 욥을 위문하고 위
로하려 하여 서로 약속하고 오더니

12 눈을 들어 멀리 보매 그가 욥인 줄 알
기 어렵게 되었으므로 그들이 일제히 소
리 질러 울며 각각 자기의 겉옷을 찢고 하
늘을 향하여 티끌을 날려 자기 머리에 뿌
리고

13 밤낮 칠 일 동안 그와 함께 땅에 앉았
으나 욥의 고통이 심함을 보므로 그에게
한마디도 말하는 자가 없었더라

욥이 자기 생일을 저주하다

3 그 후에 욥이 입을 열어 자기의 생일
을 저주하니라

2 욥이 입을 열어 이르되

3 내가 난 날이 멸망하였더라면, 사내 아
이를 배었다 하던 그 밤도 그러하였더라
면,

4 그 날이 캄캄하였더라면, 하나님이 위
에서 돌아보지 않으셨더라면, 빛도 그 날
을 비추지 않았더라면,

5 어둠과 죽음의 그늘이 그 날을 자기의
것이라 주장하였더라면, 구름이 그 위에

친구들이 욥을 위로하러 오다
11
12
13
욥이 자기 생일을 저주하다
3
2
3
4
5

덮였더라면, 흑암이 그 날을 덮었더라면,
6 그 밤이 캄캄한 어둠에 잡혔더라면, 해
의 날 수와 달의 수에 들지 않았더라면,
7 그 밤에 자식을 배지 못하였더라면, 그
밤에 즐거운 소리가 나지 않았더라면,
8 날을 저주하는 자들 곧 [1]리워야단을 격
동시키기에 익숙한 자들이 그 밤을 저주
하였더라면,
9 그 밤에 새벽 별들이 어두웠더라면, 그
밤이 광명을 바랄지라도 얻지 못하며 동
틈을 보지 못하였더라면 좋았을 것을,
10 이는 내 모태의 문을 닫지 아니하여 내
눈으로 환난을 보게 하였음이로구나
11 어찌하여 내가 태에서 죽어 나오지 아
니하였던가 어찌하여 내 어머니가 해산
할 때에 내가 숨지지 아니하였던가
12 어찌하여 무릎이 나를 받았던가 어찌
하여 내가 젖을 빨았던가
13 그렇지 아니하였던들 이제는 내가 평
안히 누워서 자고 쉬었을 것이니
14 자기를 위하여 폐허를 일으킨 세상 임
금들과 모사들과 함께 있었을 것이요
15 혹시 금을 가지며 은으로 집을 채운 고
관들과 함께 있었을 것이며
16 또는 낙태되어 땅에 묻힌 아이처럼 나
는 존재하지 않았겠고 빛을 보지 못한 아
이들 같았을 것이라
17 거기서는 악한 자가 소요를 그치며 거
기서는 피곤한 자가 쉼을 얻으며
18 거기서는 갇힌 자가 다 함께 평안히 있

6

7

8

9

10

11

12

13

14

15

16

17

18

어 감독자의 호통 소리를 듣지 아니하며
19 거기서는 작은 자와 큰 자가 함께 있고
종이 상전에게서 놓이느니라
20 어찌하여 고난 당하는 자에게 빛을 주
셨으며 마음이 아픈 자에게 생명을 주셨
는고
21 이러한 자는 죽기를 바라도 오지 아니
하니 땅을 파고 숨긴 보배를 찾음보다 죽
음을 구하는 것을 더하다가
22 무덤을 찾아 얻으면 심히 기뻐하고 즐
거워하나니
23 하나님에게 둘러 싸여 길이 아득한 사
람에게 어찌하여 빛을 주셨는고
24 나는 음식 앞에서도 탄식이 나며 내가
앓는 소리는 물이 쏟아지는 소리 같구나
25 내가 두려워하는 그것이 내게 임하고
내가 무서워하는 그것이 내 몸에 미쳤구
나
26 나에게는 평온도 없고 안일도 없고 휴
식도 없고 다만 불안만이 있구나

엘리바스의 첫번째 말

4 데만 사람 엘리바스가 대답하여 이
르되
2 누가 네게 말하면 네가 싫증을 내겠느
냐, 누가 참고 말하지 아니하겠느냐
3 보라 전에 네가 여러 사람을 훈계하였
고 손이 늘어진 자를 강하게 하였고
4 넘어지는 자를 말로 붙들어 주었고 무
릎이 약한 자를 강하게 하였거늘
5 이제 이 일이 네게 이르매 네가 힘들어

19
20
21
22
23
24
25
26
엘리바스의 첫번째 말
4
2
3
4
5

하고 이 일이 네게 닥치매 네가 놀라는구
나
6 네 경외함이 네 자랑이 아니냐 네 소망
이 네 온전한 길이 아니냐
7 생각하여 보라 죄 없이 망한 자가 누구
인가 정직한 자의 끊어짐이 어디 있는가
8 내가 보건대 악을 밭 갈고 독을 뿌리는
자는 그대로 거두나니
9 다 하나님의 입 기운에 멸망하고 그의
콧김에 사라지느니라
10 사자의 우는 소리와 젊은 사자의 소리
가 그치고 어린 사자의 이가 부러지며
11 사자는 사냥한 것이 없어 죽어 가고 암
사자의 새끼는 흩어지느니라
12 어떤 말씀이 내게 가만히 이르고 그 가
느다란 소리가 내 귀에 들렸었나니
13 사람이 깊이 잠들 즈음 내가 그 밤에
본 환상으로 말미암아 생각이 번거로울
때에
14 두려움과 떨림이 내게 이르러서 모든
뼈마디가 흔들렸느니라
15 그 때에 영이 내 앞으로 지나매 내 몸
에 털이 주뼛하였느니라
16 그 영이 서 있는데 나는 그 형상을 알
아보지는 못하여도 오직 한 형상이 내 눈
앞에 있었느니라 그 때에 내가 조용한 중
에 한 목소리를 들으니
17 사람이 어찌 하나님보다 의롭겠느냐
사람이 어찌 그 창조하신 이보다 깨끗하
겠느냐

6

7

8

9

10

11

12

13

14

15

16

17

18 하나님은 그의 종이라도 그대로 믿지
아니하시며 그의 천사라도 미련하다 하
시나니
19 하물며 흙 집에 살며 티끌로 터를 삼고
하루살이 앞에서라도 무너질 자이겠느냐
20 아침과 저녁 사이에 부스러져 가루가
되며 영원히 사라지되 기억하는 자가 없
으리라
21 장막 줄이 그들에게서 뽑히지 아니하
겠느냐 그들은 지혜가 없이 죽느니라

5 너는 부르짖어 보라 네게 응답할 자
가 있겠느냐 거룩한 자 중에 네가 누
구에게로 향하겠느냐
2 분노가 미련한 자를 죽이고 시기가 어
리석은 자를 멸하느니라
3 내가 미련한 자가 뿌리 내리는 것을 보
고 그의 집을 당장에 저주하였노라
4 그의 자식들은 구원에서 멀고 성문에
서 억눌리나 구하는 자가 없으며
5 그가 추수한 것은 주린 자가 먹되 덫에
걸린 것도 빼앗으며 올무가 그의 재산을
향하여 입을 벌리느니라
6 재난은 티끌에서 일어나는 것이 아니
며 고생은 흙에서 나는 것이 아니니라
7 사람은 고생을 위하여 났으니 불꽃이
위로 날아 가는 것 같으니라
8 나라면 하나님을 찾겠고 내 일을 하나
님께 의탁하리라
9 하나님은 헤아릴 수 없이 큰 일을 행하
시며 기이한 일을 셀 수 없이 행하시나니

18
19
20
21
5
2
3
4
5
6
7
8
9

10 비를 땅에 내리시고 물을 밭에 보내시
며

11 낮은 자를 높이 드시고 애곡하는 자를
일으키사 구원에 이르게 하시느니라

12 하나님은 교활한 자의 계교를 꺾으사
그들의 손이 성공하지 못하게 하시며

13 지혜로운 자가 자기의 계략에 빠지게
하시며 간교한 자의 계략을 무너뜨리시
므로

14 그들은 낮에도 어두움을 만나고 대낮
에도 더듬기를 밤과 같이 하느니라

15 하나님은 가난한 자를 강한 자의 칼과
그 입에서, 또한 그들의 손에서 구출하여
주시나니

16 그러므로 가난한 자가 희망이 있고 악
행이 스스로 입을 다무느니라

17 볼지어다 하나님께 징계 받는 자에게
는 복이 있나니 그런즉 너는 전능자의 징
계를 업신여기지 말지니라

18 하나님은 아프게 하시다가 싸매시며
상하게 하시다가 그의 손으로 고치시나
니

19 여섯 가지 환난에서 너를 구원하시며
일곱 가지 환난이라도 그 재앙이 네게 미
치지 않게 하시며

20 기근 때에 죽음에서, 전쟁 때에 칼의
위협에서 너를 구원하실 터인즉

21 네가 혀의 채찍을 피하여 숨을 수가 있
고 멸망이 올 때에도 두려워하지 아니할
것이라

10

11

12

13

14

15

16

17

18

19

20

21

22 너는 멸망과 기근을 비웃으며 들짐승
을 두려워하지 말라

23 들에 있는 돌이 너와 언약을 맺겠고 들
짐승이 너와 화목하게 살 것이니라

24 네가 네 장막의 평안함을 알고 네 우
리를 살펴도 잃은 것이 없을 것이며

25 네 자손이 많아지며 네 후손이 땅의 풀
과 같이 될 줄을 네가 알 것이라

26 네가 장수하다가 무덤에 이르리니 마
치 곡식단을 제 때에 들어올림 같으니라

27 볼지어다 우리가 연구한 바가 이와 같
으니 너는 들어 보라 그러면 네가 알리라

욥의 대답

6 욥이 대답하여 이르되
2 나의 괴로움을 달아 보며 나의 파멸
을 저울 위에 모두 놓을 수 있다면

3 바다의 모래보다도 무거울 것이라 그
러므로 나의 말이 경솔하였구나

4 전능자의 화살이 내게 박히매 나의 영
이 그 독을 마셨나니 하나님의 두려움이
나를 엄습하여 치는구나

5 들나귀가 풀이 있으면 어찌 울겠으며
소가 꼴이 있으면 어찌 울겠느냐

6 싱거운 것이 소금 없이 먹히겠느냐 닭
의 알 흰자위가 맛이 있겠느냐

7 내 마음이 이런 것을 만지기도 싫어하
나니 꺼리는 음식물 같이 여김이니라

8 나의 간구를 누가 들어 줄 것이며 나의
소원을 하나님이 허락하시랴

9 이는 곧 나를 멸하시기를 기뻐하사 하

22

23

24

25

26

27

욥의 대답

6 2

3

4

5

6

7

8

9

나님이 그의 손을 들어 나를 끊어 버리실
것이라

10 그러할지라도 내가 오히려 위로를 받
고 그칠 줄 모르는 고통 가운데서도 기뻐
하는 것은 내가 거룩하신 이의 말씀을 거
역하지 아니하였음이라

11 내가 무슨 기력이 있기에 기다리겠느
냐 내 마지막이 어떠하겠기에 그저 참겠
느냐

12 나의 기력이 어찌 돌의 기력이겠느냐
나의 살이 어찌 놋쇠겠느냐

13 나의 도움이 내 속에 없지 아니하냐 나
의 능력이 내게서 쫓겨나지 아니하였느
냐

14 낙심한 자가 비록 전능자를 경외하기
를 저버릴지라도 그의 친구로부터 동정
을 받느니라

15 내 형제들은 개울과 같이 변덕스럽고
그들은 개울의 물살 같이 지나가누나

16 얼음이 녹으면 물이 검어지며 눈이 그
속에 감추어질지라도

17 따뜻하면 마르고 더우면 그 자리에서
아주 없어지나니

18 대상들은 그들의 길을 벗어나서 삭막
한 들에 들어가 멸망하느니라

19 데마의 떼들이 그것을 바라보고 스바
의 행인들도 그것을 사모하다가

20 거기 와서는 바라던 것을 부끄러워하
고 낙심하느니라

21 이제 너희는 아무것도 아니로구나 너

10

11

12

13

14

15

16

17

18

19

20

21

희가 두려운 일을 본즉 겁내는구나

22 내가 언제 너희에게 무엇을 달라고 말
했더냐 나를 위하여 너희 재물을 선물로
달라고 하더냐

23 내가 언제 말하기를 원수의 손에서 나
를 구원하라 하더냐 폭군의 손에서 나를
구원하라 하더냐

24 내게 가르쳐서 나의 허물된 것을 깨닫
게 하라 내가 잠잠하리라

25 옳은 말이 어찌 그리 고통스러운고, 너
희의 책망은 무엇을 책망함이냐

26 너희가 남의 말을 꾸짖을 생각을 하나
실망한 자의 말은 바람에 날아가느니라

27 너희는 고아를 제비 뽑으며 너희 친구
를 팔아 넘기는구나

28 이제 원하건대 너희는 내게로 얼굴을
돌리라 내가 너희를 대면하여 결코 거짓
말하지 아니하리라

29 너희는 돌이켜 행악자가 되지 말라 아
직도 나의 의가 건재하니 돌아오라

30 내 혀에 어찌 불의한 것이 있으랴 내 미
각이 어찌 속임을 분간하지 못하랴

7 이 땅에 사는 인생에게 힘든 노동이
있지 아니하겠느냐 그의 날이 품꾼의
날과 같지 아니하겠느냐

2 종은 저녁 그늘을 몹시 바라고 품꾼은
그의 삯을 기다리나니

3 이와 같이 내가 여러 달째 고통을 받으
니 고달픈 밤이 내게 작정되었구나

4 내가 누울 때면 말하기를 언제나 일어

22

23

24

25

26

27

28

29

30

7

2

3

4

날까, 언제나 밤이 갈까 하며 새벽까지 이
리 뒤척, 저리 뒤척 하는구나
5 내 살에는 구더기와 흙 덩이가 의복처
럼 입혀졌고 내 피부는 굳어졌다가 터지
는구나
6 나의 날은 베틀의 북보다 빠르니 희망
없이 보내는구나
7 내 생명이 한낱 바람 같음을 생각하옵
소서 나의 눈이 다시는 행복을 보지 못하
리이다
8 나를 본 자의 눈이 다시는 나를 보지
못할 것이고 주의 눈이 나를 향하실지라
도 내가 있지 아니하리이다
9 구름이 사라져 없어짐 같이 스올로 내
려가는 자는 다시 올라오지 못할 것이오
니
10 그는 다시 자기 집으로 돌아가지 못하
겠고 자기 처소도 다시 그를 알지 못하리
이다
11 그런즉 내가 내 입을 금하지 아니하고
내 영혼의 아픔 때문에 말하며 내 마음의
괴로움 때문에 불평하리이다
12 내가 바다니이까 바다 괴물이니이까 주
께서 어찌하여 나를 지키시나이까
13 혹시 내가 말하기를 내 잠자리가 나를
위로하고 내 침상이 내 수심을 풀리라 할
때에
14 주께서 꿈으로 나를 놀라게 하시고 환
상으로 나를 두렵게 하시나이다
15 이러므로 내 마음이 뼈를 깎는 고통을

5

6

7

8

9

10

11

12

13

14

15

겪느니 차라리 숨이 막히는 것과 죽는 것
을 택하리이다

16 내가 생명을 싫어하고 영원히 살기를
원하지 아니하오니 나를 놓으소서 내 날
은 헛 것이니이다

17 사람이 무엇이기에 주께서 그를 크게
만드사 그에게 마음을 두시고

18 아침마다 권징하시며 순간마다 단련
하시나이까

19 주께서 내게서 눈을 돌이키지 아니하
시며 내가 침을 삼킬 동안도 나를 놓지 아
니하시기를 어느 때까지 하시리이까

20 사람을 감찰하시는 이여 내가 범죄하
였던들 주께 무슨 해가 되오리이까 어찌
하여 나를 당신의 과녁으로 삼으셔서 내
게 무거운 짐이 되게 하셨나이까

21 주께서 어찌하여 내 허물을 사하여 주
지 아니하시며 내 죄악을 제거하여 버리
지 아니하시나이까 내가 이제 흙에 누우
리니 주께서 나를 애써 찾으실지라도 내
가 남아 있지 아니하리이다

빌닷의 첫번째 말

8 수아 사람 빌닷이 대답하여 이르되
2 네가 어느 때까지 이런 말을 하겠으
며 어느 때까지 네 입의 말이 거센 바람과
같겠는가

3 하나님이 어찌 정의를 굽게 하시겠으
며 전능하신 이가 어찌 공의를 굽게 하시
겠는가

4 네 자녀들이 주께 죄를 지었으므로 주께

16

17

18

19

20

21

빌닷의 첫번째 말

8 2

3

4

서 그들을 그 죄에 버려두셨나니
5 네가 만일 하나님을 찾으며 전능하신
이에게 간구하고
6 또 청결하고 정직하면 반드시 너를 돌
보시고 네 의로운 처소를 평안하게 하실
것이라
7 네 시작은 미약하였으나 네 나중은 심
히 창대하리라
8 청하건대 너는 옛 시대 사람에게 물으
며 조상들이 터득한 일을 배울지어다
9 (우리는 어제부터 있었을 뿐이라 우리
는 아는 것이 없으며 세상에 있는 날이 그
림자와 같으니라)
10 그들이 네게 가르쳐 이르지 아니하겠
느냐 그 마음에서 나오는 말을 하지 아니
하겠느냐
11 왕골이 진펄 아닌 데서 크게 자라겠으
며 갈대가 물 없는 데서 크게 자라겠느냐
12 이런 것은 새 순이 돋아 아직 뜯을 때
가 되기 전에 다른 풀보다 일찍이 마르느
니라
13 하나님을 잊어버리는 자의 길은 다 이
와 같고 저속한 자의 희망은 무너지리니
14 그가 믿는 것이 끊어지고 그가 의지하
는 것이 거미줄 같은즉
15 그 집을 의지할지라도 집이 서지 못하
고 굳게 붙잡아 주어도 집이 보존되지 못
하리라
16 그는 햇빛을 받고 물이 올라 그 가지가
동산에 뻗으며

17 그 뿌리가 돌무더기에 서리어서 돌 가
운데로 들어갔을지라도

18 그 곳에서 뽑히면 그 자리도 모르는 체
하고 이르기를 내가 너를 보지 못하였다
하리니

19 그 길의 기쁨은 이와 같고 그 후에 다
른 것이 흙에서 나리라

20 하나님은 순전한 사람을 버리지 아니
하시고 악한 자를 붙들어 주지 아니하시
므로

21 웃음을 네 입에, 즐거운 소리를 네 입
술에 채우시리니

22 너를 미워하는 자는 부끄러움을 당할
것이라 악인의 장막은 없어지리라

욥의 대답

9 욥이 대답하여 이르되
2 진실로 내가 이 일이 그런 줄을 알거
니와 인생이 어찌 하나님 앞에 의로우랴

3 사람이 하나님께 변론하기를 좋아할
지라도 천 마디에 한 마디도 대답하지 못
하리라

4 그는 마음이 지혜로우시고 힘이 강하
시니 그를 거슬러 스스로 완악하게 행하
고도 형통할 자가 누구이랴

5 그가 진노하심으로 산을 무너뜨리시
며 옮기실지라도 산이 깨닫지 못하며

6 그가 땅을 그 자리에서 움직이시니 그
기둥들이 흔들리도다

7 그가 해를 명령하여 뜨지 못하게 하시
며 별들을 가두시도다

17
18
19
20
21
22
욥의 대답
9 2
3
4
5
6
7

8 그가 홀로 하늘을 펴시며 바다 물결을
밟으시며
9 북두성과 삼성과 묘성과 남방의 밀실
을 만드셨으며
10 측량할 수 없는 큰 일을, 셀 수 없는 기
이한 일을 행하시느니라
11 그가 내 앞으로 지나시나 내가 보지 못
하며 그가 내 앞에서 움직이시나 내가 깨
닫지 못하느니라
12 하나님이 빼앗으시면 누가 막을 수 있
으며 무엇을 하시나이까 하고 누가 물을
수 있으랴
13 하나님이 진노를 돌이키지 아니하시
나니 라합을 돕는 자들이 그 밑에 굴복하
겠거든
14 하물며 내가 감히 대답하겠으며 그 앞
에서 무슨 말을 택하랴
15 가령 내가 의로울지라도 대답하지 못
하겠고 나를 심판하실 그에게 간구할 뿐
이며
16 가령 내가 그를 부르므로 그가 내게 대
답하셨을지라도 내 음성을 들으셨다고는
내가 믿지 아니하리라
17 그가 폭풍으로 나를 치시고 까닭 없이
내 상처를 깊게 하시며
18 나를 숨 쉬지 못하게 하시며 괴로움을
내게 채우시는구나
19 힘으로 말하면 그가 강하시고 심판으
로 말하면 누가 그를 소환하겠느냐
20 가령 내가 의로울지라도 내 입이 나를

8
9
10
11
12
13
14
15
16
17
18
19
20

정죄하리니 가령 내가 온전할지라도 나
를 정죄하시리라
21 나는 온전하다마는 내가 나를 돌아보
지 아니하고 내 생명을 천히 여기는구나
22 일이 다 같은 것이라 그러므로 나는 말
하기를 하나님이 온전한 자나 악한 자나
멸망시키신다 하나니
23 갑자기 재난이 닥쳐 죽을지라도 무죄
한 자의 절망도 그가 비웃으시리라
24 세상이 악인의 손에 넘어갔고 재판관
의 얼굴도 가려졌나니 그렇게 되게 한 이
가 그가 아니시면 누구냐
25 나의 날이 경주자보다 빨리 사라져 버
리니 복을 볼 수 없구나
26 그 지나가는 것이 빠른 배 같고 먹이에
날아 내리는 독수리와도 같구나
27 가령 내가 말하기를 내 불평을 잊고 얼
굴 빛을 고쳐 즐거운 모양을 하자 할지라
도
28 내 모든 고통을 두려워하오니 주께서
나를 죄 없다고 여기지 않으실 줄을 아나
이다
29 내가 정죄하심을 당할진대 어찌 헛되
이 수고하리이까
30 내가 눈 녹은 물로 몸을 씻고 잿물로
손을 깨끗하게 할지라도
31 주께서 나를 개천에 빠지게 하시리니
내 옷이라도 나를 싫어하리이다
32 하나님은 나처럼 사람이 아니신즉 내
가 그에게 대답할 수 없으며 함께 들어가

21

22

23

24

25

26

27

28

29

30

31

32

재판을 할 수도 없고
33 우리 사이에 손을 얹을 판결자도 없구
나
34 주께서 그의 막대기를 내게서 떠나게
하시고 그의 위엄이 나를 두렵게 하지 아
니하시기를 원하노라
35 그리하시면 내가 두려움 없이 말하리
라 나는 본래 그렇게 할 수 있는 자가 아
니니라

10 내 영혼이 살기에 곤비하니 내 불
평을 토로하고 내 마음이 괴로운
대로 말하리라
2 내가 하나님께 아뢰오리니 나를 정죄
하지 마시옵고 무슨 까닭으로 나와 더불
어 변론하시는지 내게 알게 하옵소서
3 주께서 주의 손으로 지으신 것을 학대
하시며 멸시하시고 악인의 꾀에 빛을 비
추시기를 선히 여기시나이까
4 주께도 육신의 눈이 있나이까 주께서
사람처럼 보시나이까
5 주의 날이 어찌 사람의 날과 같으며 주
의 해가 어찌 인생의 해와 같기로
6 나의 허물을 찾으시며 나의 죄를 들추
어내시나이까
7 주께서는 내가 악하지 않은 줄을 아시
나이다 주의 손에서 나를 벗어나게 할 자
도 없나이다
8 주의 손으로 나를 빚으셨으며 만드셨
는데 이제 나를 멸하시나이다
9 기억하옵소서 주께서 내 몸 지으시기

33
34
35
10
2
3
4
5
6
7
8
9

를 흙을 뭉치듯 하셨거늘 다시 나를 티끌
로 돌려보내려 하시나이까
10 주께서 나를 젖과 같이 쏟으셨으며 엉
긴 젖처럼 엉기게 하지 아니하셨나이까
11 피부와 살을 내게 입히시며 뼈와 힘줄
로 나를 엮으시고
12 생명과 은혜를 내게 주시고 나를 보살
피심으로 내 영을 지키셨나이다
13 그러한데 주께서 이것들을 마음에 품
으셨나이다 이 뜻이 주께 있는 줄을 내가
아나이다
14 내가 범죄하면 주께서 나를 죄인으로
인정하시고 내 죄악을 사하지 아니하시
나이다
15 내가 악하면 화가 있을 것이오며 내가
의로울지라도 머리를 들지 못하는 것은
내 속에 부끄러움이 가득하고 내 환난을
내 눈이 보기 때문이니이다
16 내가 머리를 높이 들면 주께서 젊은 사
자처럼 나를 사냥하시며 내게 주의 놀라
움을 다시 나타내시나이다
17 주께서 자주자주 증거하는 자를 바꾸
어 나를 치시며 나를 향하여 진노를 더하
시니 군대가 번갈아서 치는 것 같으니이
다
18 주께서 나를 태에서 나오게 하셨음은
어찌함이니이까 그렇지 아니하셨더라면
내가 기운이 끊어져 아무 눈에도 보이지
아니하였을 것이라
19 있어도 없던 것 같이 되어서 태에서 바

10

11

12

13

14

15

16

17

18

19

로 무덤으로 옮겨졌으리이다
20 내 날은 적지 아니하니이까 그런즉 그
치시고 나를 버려두사 잠시나마 평안하
게 하시되
21 내가 돌아오지 못할 땅 곧 어둡고 죽음
의 그늘진 땅으로 가기 전에 그리하옵소
서
22 땅은 어두워서 흑암 같고 죽음의 그늘
이 져서 아무 구별이 없고 광명도 흑암 같
으니이다

소발의 첫번째 말

11 나아마 사람 소발이 대답하여 이르
되
2 말이 많으니 어찌 대답이 없으랴 말이
많은 사람이 어찌 의롭다 함을 얻겠느냐
3 네 자랑하는 말이 어떻게 사람으로 잠
잠하게 하겠으며 네가 비웃으면 어찌 너
를 부끄럽게 할 사람이 없겠느냐
4 네 말에 의하면 내 도는 정결하고 나는
주께서 보시기에 깨끗하다 하는구나
5 하나님은 말씀을 내시며 너를 향하여
입을 여시고
6 지혜의 오묘함으로 네게 보이시기를
원하노니 이는 그의 지식이 광대하심이
라 하나님께서 너로 하여금 너의 죄를 잊
게 하여 주셨음을 알라
7 네가 하나님의 오묘함을 어찌 능히 측
량하며 전능자를 어찌 능히 완전히 알겠
느냐
8 하늘보다 높으시니 네가 무엇을 하겠

20

21

22

소발의 첫번째 말

11

2

3

4

5

6

7

8

으며 스올보다 깊으시니 네가 어찌 알겠
느냐
9 그의 크심은 땅보다 길고 바다보다 넓
으니라
10 하나님이 두루 다니시며 사람을 잡아
가두시고 재판을 여시면 누가 능히 막을
소냐
11 하나님은 허망한 사람을 아시나니 악
한 일은 상관하지 않으시는 듯하나 다 보
시느니라
12 허망한 사람은 지각이 없나니 그의 출
생함이 들나귀 새끼 같으니라
13 만일 네가 마음을 바로 정하고 주를 향
하여 손을 들 때에
14 네 손에 죄악이 있거든 멀리 버리라 불
의가 네 장막에 있지 못하게 하라
15 그리하면 네가 반드시 흠 없는 얼굴을
들게 되고 굳게 서서 두려움이 없으리니
16 곧 네 환난을 잊을 것이라 네가 기억할
지라도 물이 흘러감 같을 것이며
17 네 생명의 날이 대낮보다 밝으리니 어
둠이 있다 할지라도 아침과 같이 될 것이
요
18 네가 희망이 있으므로 안전할 것이며
두루 살펴보고 평안히 쉬리라
19 네가 누워도 두렵게 할 자가 없겠고 많
은 사람이 네게 은혜를 구하리라
20 그러나 악한 자들은 눈이 어두워서 도
망할 곳을 찾지 못하리니 그들의 희망은
숨을 거두는 것이니라

욥의 대답

12 욥이 대답하여 이르되
2 너희만 참으로 백성이로구나 너
희가 죽으면 지혜도 죽겠구나
3 나도 너희 같이 생각이 있어 너희만 못
하지 아니하니 그같은 일을 누가 알지 못
하겠느냐
4 하나님께 불러 아뢰어 들으심을 입은
내가 이웃에게 웃음거리가 되었으니 의
롭고 온전한 자가 조롱거리가 되었구나
5 평안한 자의 마음은 재앙을 멸시하나
재앙이 실족하는 자를 기다리는구나
6 강도의 장막은 형통하고 하나님을 진
노하게 하는 자는 평안하니 하나님이 그
의 손에 후히 주심이니라
7 이제 모든 짐승에게 물어 보라 그것들
이 네게 가르치리라 공중의 새에게 물어
보라 그것들이 또한 네게 말하리라
8 땅에게 말하라 네게 가르치리라 바다
의 고기도 네게 설명하리라
9 이것들 중에 어느 것이 여호와의 손이
이를 행하신 줄을 알지 못하랴
10 모든 생물의 생명과 모든 사람의 육신
의 목숨이 다 그의 손에 있느니라
11 입이 음식의 맛을 구별함 같이 귀가 말
을 분간하지 아니하느냐
12 늙은 자에게는 지혜가 있고 장수하는
자에게는 명철이 있느니라
13 지혜와 권능이 하나님께 있고 계략과
명철도 그에게 속하였나니

욥의 대답

12 2

3

4

5

6

7

8

9

10

11

12

13

14 그가 헐으신즉 다시 세울 수 없고 사람
을 가두신즉 놓아주지 못하느니라
15 그가 물을 막으신즉 곧 마르고 물을 보
내신즉 곧 땅을 뒤집나니
16 능력과 지혜가 그에게 있고 속은 자와
속이는 자가 다 그에게 속하였으므로
17 모사를 벌거벗겨 끌어 가시며 재판장
을 어리석은 자가 되게 하시며
18 왕들이 맨 것을 풀어 그들의 허리를 동
이시며
19 제사장들을 벌거벗겨 끌어 가시고 권
력이 있는 자를 넘어뜨리시며
20 충성된 사람들의 말을 물리치시며 늙
은 자들의 판단을 빼앗으시며
21 귀인들에게 멸시를 쏟으시며 강한 자
의 띠를 푸시며
22 어두운 가운데에서 은밀한 것을 드러
내시며 죽음의 그늘을 광명한 데로 나오
게 하시며
23 민족들을 커지게도 하시고 다시 멸하
기도 하시며 민족들을 널리 퍼지게도 하
시고 다시 끌려가게도 하시며
24 만민의 우두머리들의 총명을 빼앗으
시고 그들을 길 없는 거친 들에서 방황하
게 하시며
25 빛 없이 캄캄한 데를 더듬게 하시며 취
한 사람 같이 비틀거리게 하시느니라

13

나의 눈이 이것을 다 보았고 나의
귀가 이것을 듣고 깨달았느니라
2 너희 아는 것을 나도 아노니 너희만 못

14
15
16
17
18
19
20
21
22
23
24
25
13
2

하지 않으니라	
3 참으로 나는 전능자에게 말씀하려 하	3
며 하나님과 변론하려 하노라	
4 너희는 거짓말을 지어내는 자요 다 쓸	4
모 없는 의원이니라	
5 너희가 참으로 잠잠하면 그것이 너희	5
의 지혜일 것이니라	
6 너희는 나의 변론을 들으며 내 입술의	6
변명을 들어 보라	
7 너희가 하나님을 위하여 불의를 말하	7
려느냐 그를 위하여 속임을 말하려느냐	
8 너희가 하나님의 낯을 따르려느냐 그	8
를 위하여 변론하려느냐	
9 하나님이 너희를 감찰하시면 좋겠느	9
냐 너희가 사람을 속임 같이 그를 속이려	
느냐	
10 만일 너희가 몰래 낯을 따를진대 그가	10
반드시 책망하시리니	
11 그의 존귀가 너희를 두렵게 하지 않겠	11
으며 그의 두려움이 너희 위에 임하지 않	
겠느냐	
12 너희의 격언은 재 같은 속담이요 너희	12
가 방어하는 것은 토성이니라	
13 너희는 잠잠하고 나를 버려두어 말하	13
게 하라 무슨 일이 닥치든지 내가 당하리	
라	
14 내가 어찌하여 내 살을 내 이로 물고	14
내 생명을 내 손에 두겠느냐	
15 그가 나를 죽이시리니 내가 희망이 없	15
노라 그러나 그의 앞에서 내 행위를 아뢰	

리라
16 경건하지 않은 자는 그 앞에 이르지 못
하나니 이것이 나의 구원이 되리라
17 너희들은 내 말을 분명히 들으라 내가
너희 귀에 알려 줄 것이 있느니라
18 보라 내가 내 사정을 진술하였거니와
내가 정의롭다 함을 얻을 줄 아노라
19 나와 변론할 자가 누구이랴 그러면 내
가 잠잠하고 기운이 끊어지리라

욥의 기도

20 오직 내게 이 두 가지 일을 행하지 마
옵소서 그리하시면 내가 주의 얼굴을 피
하여 숨지 아니하오리니
21 곧 주의 손을 내게 대지 마시오며 주의
위엄으로 나를 두렵게 하지 마실 것이니
이다
22 그리하시고 주는 나를 부르소서 내가
대답하리이다 혹 내가 말씀하게 하옵시
고 주는 내게 대답하옵소서
23 나의 죄악이 얼마나 많으니이까 나의
허물과 죄를 내게 알게 하옵소서
24 주께서 어찌하여 얼굴을 가리시고 나
를 주의 원수로 여기시나이까
25 주께서 어찌하여 날리는 낙엽을 놀라
게 하시며 마른 검불을 뒤쫓으시나이까
26 주께서 나를 대적하사 괴로운 일들을
기록하시며 내가 젊었을 때에 지은 죄를
내가 받게 하시오며
27 내 발을 차꼬에 채우시며 나의 모든 길
을 살피사 내 발자취를 점검하시나이다

16
17
18
19
욥의 기도
20
21
22
23
24
25
26
27

28 나는 썩은 물건의 낡아짐 같으며 좀 먹
은 의복 같으니이다

14 여인에게서 태어난 사람은 생애가
짧고 걱정이 가득하며
2 그는 꽃과 같이 자라나서 시들며 그림
자 같이 지나가며 머물지 아니하거늘
3 이와 같은 자를 주께서 눈여겨 보시나
이까 나를 주 앞으로 이끌어서 재판하시
나이까
4 누가 깨끗한 것을 더러운 것 가운데에
서 낼 수 있으리이까 하나도 없나이다
5 그의 날을 정하셨고 그의 달 수도 주께
있으므로 그의 규례를 정하여 넘어가지
못하게 하셨사온즉
6 그에게서 눈을 돌이켜 그가 품꾼 같이
그의 날을 마칠 때까지 그를 홀로 있게 하
옵소서
7 나무는 희망이 있나니 찍힐지라도 다
시 움이 나서 연한 가지가 끊이지 아니하
며
8 그 뿌리가 땅에서 늙고 줄기가 흙에서
죽을지라도
9 물 기운에 움이 돋고 가지가 뻗어서 새
로 심은 것과 같거니와
10 장정이라도 죽으면 소멸되나니 인생
이 숨을 거두면 그가 어디 있느냐
11 물이 바다에서 줄어들고 강물이 잦아
서 마름 같이
12 사람이 누우면 다시 일어나지 못하고

28
14
2
3
4
5
6
7
8
9
10
11
12

하늘이 없어지기까지 눈을 뜨지 못하며
잠을 깨지 못하느니라
13 주는 나를 스올에 감추시며 주의 진노
를 돌이키실 때까지 나를 숨기시고 나를
위하여 규례를 정하시고 나를 기억하옵
소서
14 장정이라도 죽으면 어찌 다시 살리이
까 나는 나의 모든 고난의 날 동안을 참으
면서 풀려나기를 기다리겠나이다
15 주께서는 나를 부르시겠고 나는 대답
하겠나이다 주께서는 주의 손으로 지으
신 것을 기다리시겠나이다
16 그러하온데 이제 주께서 나의 걸음을
세시오니 나의 죄를 감찰하지 아니하시
나이까
17 주는 내 허물을 주머니에 봉하시고 내
죄악을 싸매시나이다
18 무너지는 산은 반드시 흩어지고 바위
는 그 자리에서 옮겨가고
19 물은 돌을 닳게 하고 넘치는 물은 땅의
티끌을 씻어버리나이다 이와 같이 주께
서는 사람의 희망을 끊으시나이다
20 주께서 사람을 영원히 이기셔서 떠나
게 하시며 그의 얼굴 빛을 변하게 하시고
쫓아보내시오니
21 그의 아들들이 존귀하게 되어도 그가
알지 못하며 그들이 비천하게 되어도 그
가 깨닫지 못하나이다
22 다만 그의 살이 아프고 그의 영혼이 애
곡할 뿐이니이다

엘리바스의 두 번째 말

13

14

15

16

17

18

19

20

21

22

엘리바스의 두 번째 말

15 데만 사람 엘리바스가 대답하여 이르되

2 지혜로운 자가 어찌 헛된 지식으로 대답하겠느냐 어찌 동풍을 그의 복부에 채우겠느냐

3 어찌 도움이 되지 아니하는 이야기, 무익한 말로 변론하겠느냐

4 참으로 네가 하나님 경외하는 일을 그만두어 하나님 앞에 묵도하기를 그치게 하는구나

5 네 죄악이 네 입을 가르치나니 네가 간사한 자의 혀를 좋아하는구나

6 너를 정죄한 것은 내가 아니요 네 입이라 네 입술이 네게 불리하게 증언하느니라

7 네가 제일 먼저 난 사람이냐 산들이 있기 전에 네가 출생하였느냐

8 하나님의 오묘하심을 네가 들었느냐 지혜를 홀로 가졌느냐

9 네가 아는 것을 우리가 알지 못하는 것이 무엇이냐 네가 깨달은 것을 우리가 소유하지 못한 것이 무엇이냐

10 우리 중에는 머리가 흰 사람도 있고 연로한 사람도 있고 네 아버지보다 나이가 많은 사람도 있느니라

11 하나님의 위로와 은밀하게 하시는 말씀이 네게 작은 것이냐

12 어찌하여 네 마음에 불만스러워하며 네 눈을 번뜩거리며

13 네 영이 하나님께 분노를 터뜨리며 네

15

2

3

4

5

6

7

8

9

10

11

12

13

입을 놀리느냐
14 사람이 어찌 깨끗하겠느냐 여인에게
서 난 자가 어찌 의롭겠느냐
15 하나님은 거룩한 자들을 믿지 아니하
시나니 하늘이라도 그가 보시기에 부정
하거든
16 하물며 악을 저지르기를 물 마심 같이
하는 가증하고 부패한 사람을 용납하시
겠느냐
17 내가 네게 보이리니 내게서 들으라 내
가 본 것을 설명하리라
18 이는 곧 지혜로운 자들이 전하여 준 것
이니 그들의 조상에게서 숨기지 아니하
였느니라
19 이 땅은 그들에게만 주셨으므로 외인
은 그들 중에 왕래하지 못하였느니라
20 그 말에 이르기를 악인은 그의 일평생
에 고통을 당하며 포악자의 햇수는 정해
졌으므로
21 그의 귀에는 무서운 소리가 들리고 그
가 평안할 때에 멸망시키는 자가 그에게
이르리니
22 그가 어두운 데서 나오기를 바라지 못
하고 칼날이 숨어서 기다리느니라
23 그는 헤매며 음식을 구하여 이르기를
어디 있느냐 하며 흑암의 날이 가까운 줄
을 스스로 아느니라
24 환난과 역경이 그를 두렵게 하며 싸움
을 준비한 왕처럼 그를 쳐서 이기리라
25 이는 그의 손을 들어 하나님을 대적하

14

15

16

17

18

19

20

21

22

23

24

25

며 교만하여 전능자에게 힘을 과시하였
음이니라
26 그는 목을 세우고 방패를 들고 하나님
께 달려드니
27 그의 얼굴에는 살이 찌고 허리에는 기
름이 엉기었고
28 그는 황폐한 성읍, 사람이 살지 아니하
는 집, 돌무더기가 될 곳에 거주하였음이
니라
29 그는 부요하지 못하고 재산이 보존되
지 못하고 그의 소유가 땅에서 증식되지
못할 것이라
30 어두운 곳을 떠나지 못하리니 불꽃이
그의 가지를 말릴 것이라 하나님의 입김
으로 그가 불려가리라
31 그가 스스로 속아 허무한 것을 믿지 아
니할 것은 허무한 것이 그의 보응이 될 것
임이라
32 그의 날이 이르기 전에 그 일이 이루어
질 것인즉 그의 가지가 푸르지 못하리니
33 포도 열매가 익기 전에 떨어짐 같고 감
람 꽃이 곧 떨어짐 같으리라
34 경건하지 못한 무리는 자식을 낳지 못
할 것이며 뇌물을 받는 자의 장막은 불탈
것이라
35 그들은 재난을 잉태하고 죄악을 낳으
며 그들의 뱃속에 속임을 준비하느니라

욥의 대답

16 욥이 대답하여 이르되
2 이런 말은 내가 많이 들었나니 너

26

27

28

29

30

31

32

33

34

35

욥의 대답

16

2

희는 다 재난을 주는 위로자들이로구나
3 헛된 말이 어찌 끝이 있으랴 네가 무엇
에 자극을 받아 이같이 대답하는가
4 나도 너희처럼 말할 수 있나니 가령 너
희 마음이 내 마음 자리에 있다 하자 나도
그럴 듯한 말로 너희를 치며 너희를 향하
여 머리를 흔들 수 있느니라
5 그래도 입으로 너희를 강하게 하며 입
술의 위로로 너희의 근심을 풀었으리라
6 내가 말하여도 내 근심이 풀리지 아니
하고 잠잠하여도 내 아픔이 줄어들지 않
으리라
7 이제 주께서 나를 피로하게 하시고 나
의 온 집안을 패망하게 하셨나이다
8 주께서 나를 시들게 하셨으니 이는 나
를 향하여 증거를 삼으심이라 나의 파리
한 모습이 일어나서 대면하여 내 앞에서
증언하리이다
9 그는 진노하사 나를 찢고 적대시 하시
며 나를 향하여 이를 갈고 원수가 되어 날
카로운 눈초리로 나를 보시고
10 무리들은 나를 향하여 입을 크게 벌리
며 나를 모욕하여 뺨을 치며 함께 모여 나
를 대적하는구나
11 하나님이 나를 악인에게 넘기시며 행
악자의 손에 던지셨구나
12 내가 평안하더니 그가 나를 꺾으시며
내 목을 잡아 나를 부서뜨리시며 나를 세
워 과녁을 삼으시고
13 그의 화살들이 사방에서 날아와 사정

3

4

5

6

7

8

9

10

11

12

13

없이 나를 쏨으로 그는 내 콩팥들을 꿰뚫
고 그는 내 쓸개가 땅에 흘러나오게 하시
는구나
14 그가 나를 치고 다시 치며 용사 같이
내게 달려드시니
15 내가 굵은 베를 꿰매어 내 피부에 덮고
내 뿔을 티끌에 더럽혔구나
16 내 얼굴은 울음으로 붉었고 내 눈꺼풀
에는 죽음의 그늘이 있구나
17 그러나 내 손에는 포학이 없고 나의 기
도는 정결하니라
18 땅아 내 피를 가리지 말라 나의 부르짖
음이 쉴 자리를 잡지 못하게 하라
19 지금 나의 증인이 하늘에 계시고 나의
중보자가 높은 데 계시니라
20 나의 친구는 나를 조롱하고 내 눈은 하
나님을 향하여 눈물을 흘리니
21 사람과 하나님 사이에와 인자와 그 이
웃 사이에 중재하시기를 원하노니
22 수년이 지나면 나는 돌아오지 못할 길
로 갈 것임이니라

17

나의 기운이 쇠하였으며 나의 날이
다하였고 무덤이 나를 위하여 준비
되었구나
2 나를 조롱하는 자들이 나와 함께 있으
므로 내 눈이 그들의 충동함을 항상 보는
구나
3 청하건대 나에게 담보물을 주소서 나
의 손을 잡아 줄 자가 누구리이까
4 주께서 그들의 마음을 가리어 깨닫지

14

15

16

17

18

19

20

21

22

17

2

3

4

못하게 하셨사오니 그들을 높이지 마소서
5 보상을 얻으려고 친구를 비난하는 자
는 그의 자손들의 눈이 멀게 되리라
6 하나님이 나를 백성의 속담거리가 되
게 하시니 그들이 내 얼굴에 침을 뱉는구
나
7 내 눈은 근심 때문에 어두워지고 나의
온 지체는 그림자 같구나
8 정직한 자는 이로 말미암아 놀라고 죄
없는 자는 경건하지 못한 자 때문에 분을
내나니
9 그러므로 의인은 그 길을 꾸준히 가고
손이 깨끗한 자는 점점 힘을 얻느니라
10 너희는 모두 다시 올지니라 내가 너희
중에서 지혜자를 찾을 수 없느니라
11 나의 날이 지나갔고 내 계획, 내 마음
의 소원이 다 끊어졌구나
12 그들은 밤으로 낮을 삼고 빛 앞에서 어
둠이 가깝다 하는구나
13 내가 스올이 내 집이 되기를 희망하여
내 침상을 흑암에 펴놓으매
14 무덤에게 너는 내 아버지라, 구더기에
게 너는 내 어머니, 내 자매라 할지라도
15 나의 희망이 어디 있으며 나의 희망을
누가 보겠느냐
16 우리가 흙 속에서 쉴 때에는 희망이 스
올의 문으로 내려갈 뿐이니라

빌닷의 두 번째 말

18 수아 사람 빌닷이 대답하여 이르되
2 너희가 어느 때에 가서 말의 끝을

5

6

7

8

9

10

11

12

13

14

15

16

빌닷의 두 번째 말

18 2

맺겠느냐 깨달으라 그 후에야 우리가 말
하리라

3 어찌하여 우리를 짐승으로 여기며 부
정하게 보느냐

4 울분을 터뜨리며 자기 자신을 찢는 사
람아 너 때문에 땅이 버림을 받겠느냐 바
위가 그 자리에서 옮겨지겠느냐

5 악인의 빛은 꺼지고 그의 불꽃은 빛나
지 않을 것이요

6 그의 장막 안의 빛은 어두워지고 그 위
의 등불은 꺼질 것이요

7 그의 활기찬 걸음이 피곤하여지고 그
가 마련한 꾀에 스스로 빠질 것이니

8 이는 그의 발이 그물에 빠지고 올가미
에 걸려들며

9 그의 발 뒤꿈치는 덫에 치이고 그의 몸
은 올무에 얽힐 것이며

10 그를 잡을 덫이 땅에 숨겨져 있고 그를
빠뜨릴 함정이 길목에 있으며

11 무서운 것이 사방에서 그를 놀라게 하
고 그 뒤를 쫓아갈 것이며

12 그의 힘은 기근으로 말미암아 쇠하고
그 곁에는 재앙이 기다릴 것이며

13 질병이 그의 피부를 삼키리니 곧 사망
의 장자가 그의 지체를 먹을 것이며

14 그가 의지하던 것들이 장막에서 뽑히
며 그는 공포의 왕에게로 잡혀가고

15 그에게 속하지 않은 자가 그의 장막에
거하리니 유황이 그의 처소에 뿌려질 것
이며

3
4
5
6
7
8
9
10
11
12
13
14
15

16 밑으로 그의 뿌리가 마르고 위로는 그
의 가지가 시들 것이며
17 그를 기념함이 땅에서 사라지고 거리
에서는 그의 이름이 전해지지 않을 것이
며
18 그는 광명으로부터 흑암으로 쫓겨 들
어가며 세상에서 쫓겨날 것이며
19 그는 그의 백성 가운데 후손도 없고 후
예도 없을 것이며 그가 거하던 곳에는 남
은 자가 한 사람도 없을 것이라
20 그의 운명에 서쪽에서 오는 자와 동쪽
에서 오는 자가 깜짝 놀라리라
21 참으로 불의한 자의 집이 이러하고 하
나님을 알지 못하는 자의 처소도 이러하
니라

욥의 대답

19 욥이 대답하여 이르되
2 너희가 내 마음을 괴롭히며 말로
나를 짓부수기를 어느 때까지 하겠느냐
3 너희가 열 번이나 나를 학대하고도 부
끄러워 아니하는구나
4 비록 내게 허물이 있다 할지라도 그 허
물이 내게만 있느냐
5 너희가 참으로 나를 향하여 자만하며
내게 수치스러운 행위가 있다고 증언하
려면 하려니와
6 하나님이 나를 억울하게 하시고 자기
그물로 나를 에워싸신 줄을 알아야 할지
니라
7 내가 폭행을 당한다고 부르짖으나 응

16

17

18

19

20

21

욥의 대답

19 2

3

4

5

6

7

답이 없고 도움을 간구하였으나 정의가
없구나
8 그가 내 길을 막아 지나가지 못하게 하
시고 내 앞길에 어둠을 두셨으며
9 나의 영광을 거두어가시며 나의 관모
를 머리에서 벗기시고
10 사면으로 나를 헐으시니 나는 죽었구나
내 희망을 나무 뽑듯 뽑으시고
11 나를 향하여 진노하시고 원수 같이 보
시는구나
12 그 군대가 일제히 나아와서 길을 돋우
고 나를 치며 내 장막을 둘러 진을 쳤구나
13 나의 형제들이 나를 멀리 떠나게 하시
니 나를 아는 모든 사람이 내게 낯선 사람
이 되었구나
14 내 친척은 나를 버렸으며 가까운 친지
들은 나를 잊었구나
15 내 집에 머물러 사는 자와 내 여종들은
나를 낯선 사람으로 여기니 내가 그들 앞
에서 타국 사람이 되었구나
16 내가 내 종을 불러도 대답하지 아니하
니 내 입으로 그에게 간청하여야 하겠구
나
17 내 아내도 내 숨결을 싫어하며 내 허리
의 자식들도 나를 가련하게 여기는구나
18 어린 아이들까지도 나를 업신여기고
내가 일어나면 나를 조롱하는구나
19 나의 가까운 친구들이 나를 미워하며
내가 사랑하는 사람들이 돌이켜 나의 원
수가 되었구나

8
9
10
11
12
13
14
15
16
17
18
19

20 내 피부와 살이 뼈에 붙었고 남은 것은 겨우 잇몸 뿐이로구나

21 나의 친구야 너희는 나를 불쌍히 여겨다오 나를 불쌍히 여겨다오 하나님의 손이 나를 치셨구나

22 너희가 어찌하여 하나님처럼 나를 박해하느냐 내 살로도 부족하냐

23 나의 말이 곧 기록되었으면, 책에 씌어졌으면,

24 철필과 납으로 영원히 돌에 새겨졌으면 좋겠노라

25 내가 알기에는 나의 대속자가 살아 계시니 마침내 그가 땅 위에 서실 것이라

26 내 가죽이 벗김을 당한 뒤에도 내가 육체 밖에서 하나님을 보리라

27 내가 그를 보리니 내 눈으로 그를 보기를 낯선 사람처럼 하지 않을 것이라 내 마음이 초조하구나

28 너희가 만일 이르기를 우리가 그를 어떻게 칠까 하며 또 이르기를 일의 뿌리가 그에게 있다 할진대

29 너희는 칼을 두려워 할지니라 분노는 칼의 형벌을 부르나니 너희가 심판장이 있는 줄을 알게 되리라

소발의 두 번째 말

20 나아마 사람 소발이 대답하여 이르되

2 그러므로 내 초조한 마음이 나로 하여금 대답하게 하나니 이는 내 중심이 조급함이니라

20
21
22
23
24
25
26
27
28
29
소발의 두 번째 말
20
2

3 내가 나를 부끄럽게 하는 책망을 들었
으므로 나의 슬기로운 마음이 나로 하여
금 대답하게 하는구나
4 네가 알지 못하느냐 예로부터 사람이
이 세상에 생긴 때로부터
5 악인이 이긴다는 자랑도 잠시요 경건
하지 못한 자의 즐거움도 잠깐이니라
6 그 존귀함이 하늘에 닿고 그 머리가 구
름에 미칠지라도
7 자기의 똥처럼 영원히 망할 것이라 그
를 본 자가 이르기를 그가 어디 있느냐 하
리라
8 그는 꿈 같이 지나가니 다시 찾을 수
없을 것이요 밤에 보이는 환상처럼 사라
지리라
9 그를 본 눈이 다시 그를 보지 못할 것
이요 그의 처소도 다시 그를 보지 못할 것
이며
10 그의 아들들은 가난한 자에게 은혜를
구하겠고 그도 얻은 재물을 자기 손으로
도로 줄 것이며
11 그의 기골이 청년 같이 강장하나 그 기
세가 그와 함께 흙에 누우리라
12 그는 비록 악을 달게 여겨 혀 밑에 감
추며
13 아껴서 버리지 아니하고 입천장에 물
고 있을지라도
14 그의 음식이 창자 속에서 변하며 뱃속
에서 독사의 쓸개가 되느니라
15 그가 재물을 삼켰을지라도 토할 것은

3

4

5

6

7

8

9

10

11

12

13

14

15

하나님이 그의 배에서 도로 나오게 하심이니	
16 그는 독사의 독을 빨며 뱀의 혀에 죽을 것이라	16
17 그는 강 곧 꿀과 엉긴 젖이 흐르는 강을 보지 못할 것이요	17
18 수고하여 얻은 것을 삼키지 못하고 돌려 주며 매매하여 얻은 재물로 즐거움을 삼지 못하리니	18
19 이는 그가 가난한 자를 학대하고 버렸음이요 자기가 세우지 않은 집을 빼앗음이니라	19
20 그는 마음에 평안을 알지 못하니 그가 기뻐하는 것을 하나도 보존하지 못하겠고	20
21 남기는 것이 없이 모두 먹으니 그런즉 그 행복이 오래 가지 못할 것이라	21
22 풍족할 때에도 괴로움이 이르리니 모든 재난을 주는 자의 손이 그에게 임하리라	22
23 그가 배를 불리려 할 때에 하나님이 맹렬한 진노를 내리시리니 음식을 먹을 때에 그의 위에 비 같이 쏟으시리라	23
24 그가 철 병기를 피할 때에는 놋화살을 쏘아 꿰뚫을 것이요	24
25 몸에서 그의 화살을 빼낸즉 번쩍번쩍하는 촉이 그의 쓸개에서 나오고 큰 두려움이 그에게 닥치느니라	25
26 큰 어둠이 그를 위하여 예비되어 있고 사람이 피우지 않은 불이 그를 멸하며 그	26

장막에 남은 것을 해치리라
27 하늘이 그의 죄악을 드러낼 것이요 땅
이 그를 대항하여 일어날 것인즉
28 그의 가산이 떠나가며 하나님의 진노
의 날에 끌려가리라
29 이는 악인이 하나님께 받을 분깃이요
하나님이 그에게 정하신 기업이니라

욥의 대답

21 욥이 대답하여 이르되
2 너희는 내 말을 자세히 들으라 이
것이 너희의 위로가 될 것이니라
3 나를 용납하여 말하게 하라 내가 말한
후에 너희가 조롱할지니라
4 나의 원망이 사람을 향하여 하는 것이
냐 내 마음이 어찌 조급하지 아니하겠느
냐
5 너희가 나를 보면 놀라리라 손으로 입
을 가리리라
6 내가 기억하기만 하여도 불안하고 두
려움이 내 몸을 잡는구나
7 어찌하여 악인이 생존하고 장수하며
세력이 강하냐
8 그들의 후손이 앞에서 그들과 함께 굳
게 서고 자손이 그들의 목전에서 그러하
구나
9 그들의 집이 평안하여 두려움이 없고
하나님의 매가 그들 위에 임하지 아니하
며
10 그들의 수소는 새끼를 배고 그들의 암
소는 낙태하는 일이 없이 새끼를 낳는구

27

28

29

욥의 대답

21 2

3

4

5

6

7

8

9

10

나

11 그들은 아이들을 양 떼 같이 내보내고
그들의 자녀들은 춤추는구나

12 그들은 소고와 수금으로 노래하고 피
리 불어 즐기며

13 그들의 날을 행복하게 지내다가 잠깐
사이에 스올에 내려가느니라

14 그러할지라도 그들은 하나님께 말하
기를 우리를 떠나소서 우리가 주의 도리
알기를 바라지 아니하나이다

15 전능자가 누구이기에 우리가 섬기며
우리가 그에게 기도한들 무슨 소용이 있
으랴 하는구나

16 그러나 그들의 행복이 그들의 손 안에
있지 아니하니 악인의 계획은 나에게서
멀구나

17 악인의 등불이 꺼짐과 재앙이 그들에
게 닥침과 하나님이 진노하사 그들을 곤
고하게 하심이 몇 번인가

18 그들이 바람 앞에 검불 같이, 폭풍에
날려가는 겨 같이 되었도다

19 하나님은 그의 죄악을 그의 자손들을
위하여 쌓아 두시며 그에게 갚으실 것을
알게 하시기를 원하노라

20 자기의 멸망을 자기의 눈으로 보게 하
며 전능자의 진노를 마시게 할 것이니라

21 그의 달 수가 다하면 자기 집에 대하여
무슨 관계가 있겠느냐

22 그러나 하나님께서는 높은 자들을 심
판하시나니 누가 능히 하나님께 지식을

11

12

13

14

15

16

17

18

19

20

21

22

가르치겠느냐
23 어떤 사람은 죽도록 기운이 충실하여
안전하며 평안하고
24 그의 그릇에는 젖이 가득하며 그의 골
수는 윤택하고
25 어떤 사람은 마음에 고통을 품고 죽으
므로 행복을 맛보지 못하는도다
26 이 둘이 매 한 가지로 흙 속에 눕고 그
들 위에 구더기가 덮이는구나
27 내가 너희의 생각을 알고 너희가 나를
해하려는 속셈도 아노라
28 너희의 말이 귀인의 집이 어디 있으며
악인이 살던 장막이 어디 있느냐 하는구나
29 너희가 길 가는 사람들에게 묻지 아니
하였느냐 그들의 증거를 알지 못하느냐
30 악인은 재난의 날을 위하여 남겨둔 바
되었고 진노의 날을 향하여 끌려가느니
라
31 누가 능히 그의 면전에서 그의 길을 알
려 주며 누가 그의 소행을 보응하랴
32 그를 무덤으로 메어 가고 사람이 그 무
덤을 지키리라
33 그는 골짜기의 흙덩이를 달게 여기리
니 많은 사람들이 그보다 앞서 갔으며 모
든 사람이 그의 뒤에 줄지었느니라
34 그런데도 너희는 나를 헛되이 위로하
려느냐 너희 대답은 거짓일 뿐이니라

엘리바스의 세 번째 말

22 데만 사람 엘리바스가 대답하여 이
르되

23

24

25

26

27

28

29

30

31

32

33

34

엘리바스의 세 번째 말

22

2 사람이 어찌 하나님께 유익하게 하겠
느냐 지혜로운 자도 자기에게 유익할 따
름이니라
3 네가 의로운들 전능자에게 무슨 기쁨
이 있겠으며 네 행위가 온전한들 그에게
무슨 이익이 되겠느냐
4 하나님이 너를 책망하시며 너를 심문
하심이 너의 경건함 때문이냐
5 네 악이 크지 아니하냐 네 죄악이 끝이
없느니라
6 까닭 없이 형제를 볼모로 잡으며 헐벗
은 자의 의복을 벗기며
7 목마른 자에게 물을 마시게 하지 아니
하며 주린 자에게 음식을 주지 아니하였
구나
8 권세 있는 자는 토지를 얻고 존귀한 자
는 거기에서 사는구나
9 너는 과부를 빈손으로 돌려보내며 고
아의 팔을 꺾는구나
10 그러므로 올무들이 너를 둘러 있고 두
려움이 갑자기 너를 엄습하며
11 어둠이 너로 하여금 보지 못하게 하고
홍수가 너를 덮느니라
12 하나님은 높은 하늘에 계시지 아니하
냐 보라 우두머리 별이 얼마나 높은가
13 그러나 네 말은 하나님이 무엇을 아시
며 흑암 중에서 어찌 심판하실 수 있으랴
14 빽빽한 구름이 그를 가린즉 그가 보지
못하시고 둥근 하늘을 거니실 뿐이라 하
는구나

15 네가 악인이 밟던 옛적 길을 지키려느냐	15
16 그들은 때가 이르기 전에 끊겨 버렸고 그들의 터는 강물로 말미암아 함몰되었느니라	16
17 그들이 하나님께 말하기를 우리를 떠나소서 하며 또 말하기를 전능자가 우리를 위하여 무엇을 하실 수 있으랴 하였으나	17
18 하나님이 좋은 것으로 그들의 집에 채우셨느니라 악인의 계획은 나에게서 머니라	18
19 의인은 보고 기뻐하고 죄 없는 자는 그들을 비웃기를	19
20 우리의 원수가 망하였고 그들의 남은 것을 불이 삼켰느니라 하리라	20
21 너는 하나님과 화목하고 평안하라 그리하면 복이 네게 임하리라	21
22 청하건대 너는 하나님의 입에서 교훈을 받고 하나님의 말씀을 네 마음에 두라	22
23 네가 만일 전능자에게로 돌아가면 네가 지음을 받을 것이며 또 네 장막에서 불의를 멀리 하리라	23
24 네 보화를 티끌로 여기고 오빌의 금을 계곡의 돌로 여기라	24
25 그리하면 전능자가 네 보화가 되시며 네게 고귀한 은이 되시리니	25
26 이에 네가 전능자를 기뻐하여 하나님께로 얼굴을 들 것이라	26
27 너는 그에게 기도하겠고 그는 들으실	27

것이며 너의 서원을 네가 갚으리라
28 네가 무엇을 결정하면 이루어질 것이
요 네 길에 빛이 비치리라
29 사람들이 너를 낮추거든 너는 교만했
노라고 말하라 하나님은 겸손한 자를 구
원하시리라
30 죄 없는 자가 아니라도 건지시리니 네
손이 깨끗함으로 말미암아 건지심을 받
으리라

욥의 대답

23 욥이 대답하여 이르되
2 오늘도 내게 반항하는 마음과 근
심이 있나니 내가 받는 재앙이 탄식보다
무거움이라
3 내가 어찌하면 하나님을 발견하고 그
의 처소에 나아가랴
4 어찌하면 그 앞에서 내가 호소하며 변
론할 말을 내 입에 채우고
5 내게 대답하시는 말씀을 내가 알며 내
게 이르시는 것을 내가 깨달으랴
6 그가 큰 권능을 가지시고 나와 더불어
다투시겠느냐 아니로다 도리어 내 말을
들으시리라
7 거기서는 정직한 자가 그와 변론할 수
있은즉 내가 심판자에게서 영원히 벗어
나리라
8 그런데 내가 앞으로 가도 그가 아니 계
시고 뒤로 가도 보이지 아니하며
9 그가 왼쪽에서 일하시나 내가 만날 수
없고 그가 오른쪽으로 돌이키시나 뵈올

28
29
30
욥의 대답
23 2
3
4
5
6
7
8
9

수 없구나
10 그러나 내가 가는 길을 그가 아시나니
그가 나를 단련하신 후에는 내가 순금 같
이 되어 나오리라
11 내 발이 그의 걸음을 바로 따랐으며 내
가 그의 길을 지켜 치우치지 아니하였고
12 내가 그의 입술의 명령을 어기지 아니
하고 정한 음식보다 그의 입의 말씀을 귀
히 여겼도다
13 그는 뜻이 일정하시니 누가 능히 돌이
키랴 그의 마음에 하고자 하시는 것이면
그것을 행하시나니
14 그런즉 내게 작정하신 것을 이루실 것
이라 이런 일이 그에게 많이 있느니라
15 그러므로 내가 그 앞에서 떨며 지각을
얻어 그를 두려워하리라
16 하나님이 나의 마음을 약하게 하시며
전능자가 나를 두렵게 하셨나니
17 이는 내가 두려워하는 것이 어둠 때문
이나 흑암이 내 얼굴을 가렸기 때문이 아
니로다

24 어찌하여 전능자는 때를 정해 놓지
아니하셨는고 그를 아는 자들이 그
의 날을 보지 못하는고
2 어떤 사람은 땅의 경계표를 옮기며 양
떼를 빼앗아 기르며
3 고아의 나귀를 몰아 가며 과부의 소를
볼모 잡으며
4 가난한 자를 길에서 몰아내나니 세상
에서 학대 받는 자가 다 스스로 숨는구나

10

11

12

13

14

15

16

17

24

2

3

4

5 그들은 거친 광야의 들나귀 같아서 나
가서 일하며 먹을 것을 부지런히 구하니
빈 들이 그들의 자식을 위하여 그에게 음
식을 내는구나

6 밭에서 남의 꼴을 베며 악인이 남겨 둔
포도를 따며

7 의복이 없어 벗은 몸으로 밤을 지내며
추워도 덮을 것이 없으며

8 산중에서 만난 소나기에 젖으며 가릴
것이 없어 바위를 안고 있느니라

9 어떤 사람은 고아를 어머니의 품에서
빼앗으며 가난한 자의 옷을 볼모 잡으므
로

10 그들이 옷이 없어 벌거벗고 다니며 곡
식 이삭을 나르나 굶주리고

11 그 사람들의 담 사이에서 기름을 짜며
목말라 하면서 술 틀을 밟느니라

12 성 중에서 죽어가는 사람들이 신음하
며 상한 자가 부르짖으나 하나님이 그들
의 참상을 보지 아니하시느니라

13 또 광명을 배반하는 사람들은 이러하
니 그들은 그 도리를 알지 못하며 그 길에
머물지 아니하는 자라

14 사람을 죽이는 자는 밝을 때에 일어나
서 학대 받는 자나 가난한 자를 죽이고 밤
에는 도둑 같이 되며

15 간음하는 자의 눈은 저물기를 바라며
아무 눈도 나를 보지 못하리라 하고 얼굴
을 가리며

16 어둠을 틈타 집을 뚫는 자는 낮에는 잠

그고 있으므로 광명을 알지 못하나니
17 그들은 아침을 죽음의 그늘 같이 여기
니 죽음의 그늘의 두려움을 앎이니라
18 그들은 물 위에 빨리 흘러가고 그들의
소유는 세상에서 저주를 받나니 그들이
다시는 포도원 길로 다니지 못할 것이라
19 가뭄과 더위가 눈 녹은 물을 곧 빼앗나
니 스올이 범죄자에게도 그와 같이 하느
니라
20 모태가 그를 잊어버리고 구더기가 그
를 달게 먹을 것이라 그는 다시 기억되지
않을 것이니 불의가 나무처럼 꺾이리라
21 그는 임신하지 못하는 여자를 박대하
며 과부를 선대하지 아니하는도다
22 그러나 하나님이 그의 능력으로 강포
한 자들을 끌어내시나니 일어나는 자는
있어도 살아남을 확신은 없으리라
23 하나님은 그에게 평안을 주시며 지탱
해 주시나 그들의 길을 살피시도다
24 그들은 잠깐 동안 높아졌다가 천대를
받을 것이며 잘려 모아진 곡식 이삭처럼
되리라
25 가령 그렇지 않을지라도 능히 내 말을
거짓되다고 지적하거나 내 말을 헛되게
만들 자 누구랴

빌닷의 세 번째 말

25 수아 사람 빌닷이 대답하여 이르되
2 하나님은 주권과 위엄을 가지셨
고 높은 곳에서 화평을 베푸시느니라
3 그의 군대를 어찌 계수할 수 있으랴 그

가 비추는 광명을 받지 않은 자가 누구냐
4 그런즉 하나님 앞에서 사람이 어찌 의
롭다 하며 여자에게서 난 자가 어찌 깨끗
하다 하랴
5 보라 그의 눈에는 달이라도 빛을 발하
지 못하고 별도 빛나지 못하거든
6 하물며 구더기 같은 사람, 벌레 같은
인생이랴

욥의 대답

26 욥이 대답하여 이르되
2 네가 힘 없는 자를 참 잘도 도와
주는구나 기력 없는 팔을 참 잘도 구원하
여 주는구나
3 지혜 없는 자를 참 잘도 가르치는구나
큰 지식을 참 잘도 자랑하는구나
4 네가 누구를 향하여 말하느냐 누구의
정신이 네게서 나왔느냐
5 죽은 자의 영들이 물 밑에서 떨며 물에
서 사는 것들도 그러하도다
6 하나님 앞에서는 스올도 벗은 몸으로
드러나며 멸망도 가림이 없음이라
7 그는 북쪽을 허공에 펴시며 땅을 아무
것도 없는 곳에 매다시며
8 물을 빽빽한 구름에 싸시나 그 밑의 구
름이 찢어지지 아니하느니라
9 그는 보름달을 가리시고 자기의 구름
을 그 위에 펴시며
10 수면에 경계를 그으시니 빛과 어둠이
함께 끝나는 곳이니라
11 그가 꾸짖으신즉 하늘 기둥이 흔들리

4
5
6
욥의 대답
26 2
3
4
5
6
7
8
9
10
11

며 놀라느니라
12 그는 능력으로 바다를 잔잔하게 하시
며 지혜로 라합을 깨뜨리시며
13 그의 입김으로 하늘을 맑게 하시고 손
으로 날렵한 뱀을 무찌르시나니
14 보라 이런 것들은 그의 행사의 단편일
뿐이요 우리가 그에게서 들은 것도 속삭
이는 소리일 뿐이니 그의 큰 능력의 우렛
소리를 누가 능히 헤아리랴

세 친구에 대한 욥의 말

27 욥이 또 풍자하여 이르되
2 나의 정당함을 물리치신 하나님,
나의 영혼을 괴롭게 하신 전능자의 사심
을 두고 맹세하노니
3 (나의 호흡이 아직 내 속에 완전히 있
고 하나님의 숨결이 아직도 내 코에 있느
니라)
4 결코 내 입술이 불의를 말하지 아니하
며 내 혀가 거짓을 말하지 아니하리라
5 나는 결코 너희를 옳다 하지 아니하겠
고 내가 죽기 전에는 나의 온전함을 버리
지 아니할 것이라
6 내가 내 공의를 굳게 잡고 놓지 아니하
리니 내 마음이 나의 생애를 비웃지 아니
하리라
7 나의 원수는 악인 같이 되고 일어나 나
를 치는 자는 불의한 자 같이 되기를 원하
노라
8 불경건한 자가 이익을 얻었으나 하나
님이 그의 영혼을 거두실 때에는 무슨 희

12
13
14
세 친구에 대한 욥의 말
27 2
3
4
5
6
7
8

망이 있으랴

9 환난이 그에게 닥칠 때에 하나님이 어
찌 그의 부르짖음을 들으시랴

10 그가 어찌 전능자를 기뻐하겠느냐 항
상 하나님께 부르짖겠느냐

11 하나님의 솜씨를 내가 너희에게 가르
칠 것이요 전능자에게 있는 것을 내가 숨
기지 아니하리라

12 너희가 다 이것을 보았거늘 어찌하여
그토록 무익한 사람이 되었는고

13 악인이 하나님께 얻을 분깃, 포악자가
전능자에게서 받을 산업은 이것이라

14 그의 자손은 번성하여도 칼을 위함이
요 그의 후손은 음식물로 배부르지 못할
것이며

15 그 남은 자들은 죽음의 병이 돌 때에
묻히리니 그들의 과부들이 울지 못할 것
이며

16 그가 비록 은을 티끌 같이 쌓고 의복을
진흙 같이 준비할지라도

17 그가 준비한 것을 의인이 입을 것이요
그의 은은 죄 없는 자가 차지할 것이며

18 그가 지은 집은 좀의 집 같고 파수꾼의
초막 같을 것이며

19 부자로 누우려니와 다시는 그렇지 못
할 것이요 눈을 뜬즉 아무것도 없으리라

20 두려움이 물 같이 그에게 닥칠 것이요
폭풍이 밤에 그를 앗아갈 것이며

21 동풍이 그를 들어올리리니 그는 사라
질 것이며 그의 처소에서 그를 몰아내리

9

10

11

12

13

14

15

16

17

18

19

20

21

라

22 하나님은 그를 아끼지 아니하시고 던져 버릴 것이니 그의 손에서 도망치려고 힘쓰리라

23 사람들은 그를 바라보며 손뼉치고 그의 처소에서 그를 비웃으리라

지혜와 명철

28 은이 나는 곳이 있고 금을 제련하는 곳이 있으며

2 철은 흙에서 캐내고 동은 돌에서 녹여 얻느니라

3 사람은 어둠을 뚫고 모든 것을 끝까지 탐지하여 어둠과 죽음의 그늘에 있는 광석도 탐지하되

4 그는 사람이 사는 곳에서 멀리 떠나 갱도를 깊이 뚫고 발길이 닿지 않는 곳 사람이 없는 곳에 매달려 흔들리느니라

5 음식은 땅으로부터 나오나 그 밑은 불처럼 변하였도다

6 그 돌에는 청옥이 있고 사금도 있으며

7 그 길은 솔개도 알지 못하고 매의 눈도 보지 못하며

8 용맹스러운 짐승도 밟지 못하였고 사나운 사자도 그리로 지나가지 못하였느니라

9 사람이 굳은 바위에 손을 대고 산을 뿌리까지 뒤엎으며

10 반석에 수로를 터서 각종 보물을 눈으로 발견하고

11 누수를 막아 스며 나가지 않게 하고 감

22
23
지혜와 명철
28
2
3
4
5
6
7
8
9
10
11

추어져 있던 것을 밝은 데로 끌어내느니
라
12 그러나 지혜는 어디서 얻으며 명철이
있는 곳은 어디인고
13 그 길을 사람이 알지 못하나니 사람 사
는 땅에서는 찾을 수 없구나
14 깊은 물이 이르기를 내 속에 있지 아니
하다 하며 바다가 이르기를 나와 함께 있
지 아니하다 하느니라
15 순금으로도 바꿀 수 없고 은을 달아도
그 값을 당하지 못하리니
16 오빌의 금이나 귀한 청옥수나 남보석
으로도 그 값을 당하지 못하겠고
17 황금이나 수정이라도 비교할 수 없고
정금 장식품으로도 바꿀 수 없으며
18 진주와 벽옥으로도 비길 수 없나니 지
혜의 값은 산호보다 귀하구나
19 구스의 황옥으로도 비교할 수 없고 순
금으로도 그 값을 헤아리지 못하리라
20 그런즉 지혜는 어디서 오며 명철이 머
무는 곳은 어디인고
21 모든 생물의 눈에 숨겨졌고 공중의 새
에게 가려졌으며
22 멸망과 사망도 이르기를 우리가 귀로
그 소문은 들었다 하느니라
23 하나님이 그 길을 아시며 있는 곳을 아
시나니
24 이는 그가 땅 끝까지 감찰하시며 온 천
하를 살피시며
25 바람의 무게를 정하시며 물의 분량을

12

13

14

15

16

17

18

19

20

21

22

23

24

25

정하시며
26 비 내리는 법칙을 정하시고 비구름의
길과 우레의 법칙을 만드셨음이라
27 그 때에 그가 보시고 선포하시며 굳게
세우시며 탐구하셨고
28 또 사람에게 말씀하셨도다 보라 주를
경외함이 지혜요 악을 떠남이 명철이니
라

욥의 마지막 말

29 욥이 풍자하여 이르되
2 나는 지난 세월과 하나님이 나를
보호하시던 때가 다시 오기를 원하노라
3 그 때에는 그의 등불이 내 머리에 비치
었고 내가 그의 빛을 힘입어 암흑에서도
걸어다녔느니라
4 내가 원기 왕성하던 날과 같이 지내기
를 원하노라 그 때에는 하나님이 내 장막
에 기름을 발라 주셨도다
5 그 때에는 전능자가 아직도 나와 함께
계셨으며 나의 젊은이들이 나를 둘러 있
었으며
6 젖으로 내 발자취를 씻으며 바위가 나
를 위하여 기름 시내를 쏟아냈으며
7 그 때에는 내가 나가서 성문에 이르기
도 하며 내 자리를 거리에 마련하기도 하
였느니라
8 나를 보고 젊은이들은 숨으며 노인들
은 일어나서 서며
9 유지들은 말을 삼가고 손으로 입을 가
리며

26

27

28

욥의 마지막 말

29 2

3

4

5

6

7

8

9

10 지도자들은 말소리를 낮추었으니 그
들의 혀가 입천장에 붙었느니라
11 귀가 들은즉 나를 축복하고 눈이 본즉
나를 증언하였나니
12 이는 부르짖는 빈민과 도와 줄 자 없는
고아를 내가 건졌음이라
13 망하게 된 자도 나를 위하여 복을 빌었
으며 과부의 마음이 나로 말미암아 기뻐
노래하였느니라
14 내가 의를 옷으로 삼아 입었으며 나의
정의는 겉옷과 모자 같았느니라
15 나는 맹인의 눈도 되고 다리 저는 사람
의 발도 되고
16 빈궁한 자의 아버지도 되며 내가 모르
는 사람의 송사를 돌보아 주었으며
17 불의한 자의 턱뼈를 부수고 노획한 물
건을 그 잇새에서 빼내었느니라
18 내가 스스로 말하기를 나는 내 보금자
리에서 숨을 거두며 나의 날은 모래알 같
이 많으리라 하였느니라
19 내 뿌리는 물로 뻗어나가고 이슬이 내
가지에서 밤을 지내고 갈 것이며
20 내 영광은 내게 새로워지고 내 손에서
내 화살이 끊이지 않았노라
21 무리는 내 말을 듣고 희망을 걸었으며
내가 가르칠 때에 잠잠하였노라
22 내가 말한 후에는 그들이 말을 거듭하
지 못하였나니 나의 말이 그들에게 스며
들었음이라
23 그들은 비를 기다리듯 나를 기다렸으

10

11

12

13

14

15

16

17

18

19

20

21

22

23

며 봄비를 맞이하듯 입을 벌렸느니라
24 그들이 의지 없을 때에 내가 미소하면
그들이 나의 얼굴 빛을 무색하게 아니하
였느니라
25 내가 그들의 길을 택하여 주고 으뜸되
는 자리에 앉았나니 왕이 군대 중에 있는
것과도 같았고 애곡하는 자를 위로하는
사람과도 같았느니라

30 그러나 이제는 나보다 젊은 자들
이 나를 비웃는구나 그들의 아비
들은 내가 보기에 내 양 떼를 지키는 개
중에도 둘 만하지 못한 자들이니라
2 그들의 기력이 쇠잔하였으니 그들의
손의 힘이 내게 무슨 소용이 있으랴
3 그들은 곧 궁핍과 기근으로 인하여 파
리하며 캄캄하고 메마른 땅에서 마른 흙
을 씹으며
4 떨기나무 가운데에서 짠 나물을 꺾으
며 대싸리 뿌리로 먹을 거리를 삼느니라
5 무리가 그들에게 소리를 지름으로 도
둑 같이 사람들 가운데에서 쫓겨나서
6 침침한 골짜기와 흙 구덩이와 바위 굴
에서 살며
7 떨기나무 가운데에서 부르짖으며 가
시나무 아래에 모여 있느니라
8 그들은 본래 미련한 자의 자식이요 이
름 없는 자들의 자식으로서 고토에서 쫓
겨난 자들이니라
9 이제는 그들이 나를 노래로 조롱하며
내가 그들의 놀림거리가 되었으며

10 그들이 나를 미워하여 멀리 하고 서슴
지 않고 내 얼굴에 침을 뱉는도다
11 이는 하나님이 내 활시위를 늘어지게
하시고 나를 곤고하게 하심으로 무리가
내 앞에서 굴레를 벗었음이니라
12 그들이 내 오른쪽에서 일어나 내 발에
덫을 놓으며 나를 대적하여 길을 에워싸
며
13 그들이 내 길을 헐고 내 재앙을 재촉하
는데도 도울 자가 없구나
14 그들은 성을 파괴하고 그 파괴한 가운
데로 몰려드는 것 같이 내게로 달려드니
15 순식간에 공포가 나를 에워싸고 그들
이 내 품위를 바람 같이 날려 버리니 나의
구원은 구름 같이 지나가 버렸구나
16 이제는 내 생명이 내 속에서 녹으니 환
난 날이 나를 사로잡음이라
17 밤이 되면 내 뼈가 쑤시니 나의 아픔이
쉬지 아니하는구나
18 그가 큰 능력으로 나의 옷을 떨쳐 버리
시며 나의 옷깃처럼 나를 휘어잡으시는
구나
19 하나님이 나를 진흙 가운데 던지셨고
나를 티끌과 재 같게 하셨구나
20 내가 주께 부르짖으나 주께서 대답하지
아니하시오며 내가 섰사오나 주께서 나를
돌아보지 아니하시나이다
21 주께서 돌이켜 내게 잔혹하게 하시고
힘 있는 손으로 나를 대적하시나이다
22 나를 바람 위에 들어 불려가게 하시며

10

11

12

13

14

15

16

17

18

19

20

21

22

무서운 힘으로 나를 던져 버리시나이다
23 내가 아나이다 주께서 나를 죽게 하사
모든 생물을 위하여 정한 집으로 돌려보
내시리이다
24 그러나 사람이 넘어질 때에 어찌 손을
펴지 아니하며 재앙을 당할 때에 어찌 도
움을 부르짖지 아니하리이까
25 고생의 날을 보내는 자를 위하여 내가
울지 아니하였는가 빈궁한 자를 위하여
내 마음에 근심하지 아니하였는가
26 내가 복을 바랐더니 화가 왔고 광명을
기다렸더니 흑암이 왔구나
27 내 마음이 들끓어 고요함이 없구나 환
난 날이 내게 임하였구나
28 나는 햇볕에 쬐지 않고도 검어진 피부
를 가지고 걸으며 회중 가운데 서서 도움
을 부르짖고 있느니라
29 나는 이리의 형제요 타조의 벗이로구
나
30 나를 덮고 있는 피부는 검어졌고 내 뼈
는 열기로 말미암아 탔구나
31 내 수금은 통곡이 되었고 내 피리는 애
곡이 되었구나

31 내가 내 눈과 약속하였나니 어찌 처
녀에게 주목하랴
2 그리하면 위에 계신 하나님께서 내리
시는 분깃이 무엇이겠으며 높은 곳의 전
능자께서 주시는 기업이 무엇이겠느냐
3 불의한 자에게는 환난이 아니겠느냐

23
24
25
26
27
28
29
30
31

31
2
3

행악자에게는 불행이 아니겠느냐	
4 그가 내 길을 살피지 아니하시느냐 내 걸음을 다 세지 아니하시느냐	4
5 만일 내가 허위와 함께 동행하고 내 발이 속임수에 빨랐다면	5
6 하나님께서 나를 공평한 저울에 달아 보시고 그가 나의 온전함을 아시기를 바라노라	6
7 만일 내 걸음이 길에서 떠났거나 내 마음이 내 눈을 따랐거나 내 손에 더러운 것이 묻었다면	7
8 내가 심은 것을 타인이 먹으며 나의 소출이 뿌리째 뽑히기를 바라노라	8
9 만일 내 마음이 여인에게 유혹되어 이웃의 문을 엿보아 문에서 숨어 기다렸다면	9
10 내 아내가 타인의 맷돌을 돌리며 타인과 더불어 동침하기를 바라노라	10
11 그것은 참으로 음란한 일이니 재판에 회부할 죄악이요	11
12 멸망하도록 사르는 불이니 나의 모든 소출을 뿌리째 뽑기를 바라노라	12
13 만일 남종이나 여종이 나와 더불어 쟁론할 때에 내가 그의 권리를 저버렸다면	13
14 하나님이 일어나실 때에 내가 어떻게 하겠느냐 하나님이 심판하실 때에 내가 무엇이라 대답하겠느냐	14
15 나를 태 속에 만드신 이가 그도 만들지 아니하셨느냐 우리를 뱃속에 지으신 이가 한 분이 아니시냐	15

16 내가 언제 가난한 자의 소원을 막았거
나 과부의 눈으로 하여금 실망하게 하였
던가

16

17 나만 혼자 내 떡덩이를 먹고 고아에게
그 조각을 먹이지 아니하였던가

17

18 실상은 내가 젊었을 때부터 고아 기르
기를 그의 아비처럼 하였으며 내가 어렸
을 때부터 과부를 인도하였노라

18

19 만일 내가 사람이 의복이 없이 죽어가
는 것이나 가난한 자가 덮을 것이 없는 것
을 못본 체 했다면

19

20 만일 나의 양털로 그의 몸을 따뜻하게
입혀서 그의 허리가 나를 위하여 복을 빌
게 하지 아니하였다면

20

21 만일 나를 도와 주는 자가 성문에 있음
을 보고 내가 주먹을 들어 고아를 향해 휘
둘렀다면

21

22 내 팔이 어깨 뼈에서 떨어지고 내 팔
뼈가 그 자리에서 부스러지기를 바라노
라

22

23 나는 하나님의 재앙을 심히 두려워하
고 그의 위엄으로 말미암아 그런 일을 할
수 없느니라

23

24 만일 내가 내 소망을 금에다 두고 순금
에게 너는 내 의뢰하는 바라 하였다면

24

25 만일 재물의 풍부함과 손으로 얻은 것
이 많음으로 기뻐하였다면

25

26 만일 해가 빛남과 달이 밝게 뜬 것을
보고

26

27 내 마음이 슬며시 유혹되어 내 손에 입

27

맞추었다면

28 그것도 재판에 회부할 죄악이니 내가
그리하였으면 위에 계신 하나님을 속이
는 것이리라

29 내가 언제 나를 미워하는 자의 멸망을
기뻐하고 그가 재난을 당함으로 즐거워
하였던가

30 실상은 나는 그가 죽기를 구하는 말로
그의 생명을 저주하여 내 입이 범죄하게
하지 아니하였노라

31 내 장막 사람들은 주인의 고기에 배부
르지 않은 자가 어디 있느뇨 하지 아니하
였는가

32 실상은 나그네가 거리에서 자지 아니
하도록 나는 행인에게 내 문을 열어 주었
노라

33 내가 언제 다른 사람처럼 내 악행을 숨
긴 일이 있거나 나의 죄악을 나의 품에 감
추었으며

34 내가 언제 큰 무리와 여러 종족의 수모
가 두려워서 대문 밖으로 나가지 못하고
잠잠하였던가

35 누구든지 나의 변명을 들어다오 나의
서명이 여기 있으니 전능자가 내게 대답
하시기를 바라노라 나를 고발하는 자가
있다면 그에게 고소장을 쓰게 하라

36 내가 그것을 어깨에 메기도 하고 왕관
처럼 머리에 쓰기도 하리라

37 내 걸음의 수효를 그에게 알리고 왕족
처럼 그를 가까이 하였으리라

28

29

30

31

32

33

34

35

36

37

38 만일 내 밭이 나를 향하여 부르짖고 밭
이랑이 함께 울었다면
39 만일 내가 값을 내지 않고 그 소출을
먹고 그 소유주가 생명을 잃게 하였다면
40 밀 대신에 가시나무가 나고 보리 대신
에 독보리가 나는 것이 마땅하니라 하고
욥의 말이 그치니라

엘리후가 화를 내다(32:1-37:24)

32 욥이 자신을 의인으로 여기므로 그
세 사람이 말을 그치니
2 람 종족 부스 사람 바라겔의 아들 엘리
후가 화를 내니 그가 욥에게 화를 냄은 욥
이 하나님보다 자기가 의롭다 함이요
3 또 세 친구에게 화를 냄은 그들이 능히
대답하지 못하면서도 욥을 정죄함이라
4 엘리후는 그들의 나이가 자기보다 여
러 해 위이므로 욥에게 말하기를 참고 있
다가
5 세 사람의 입에 대답이 없음을 보고 화
를 내니라

엘리후의 말

6 부스 사람 바라겔의 아들 엘리후가 대
답하여 이르되 나는 연소하고 당신들은
연로하므로 뒷전에서 나의 의견을 감히
내놓지 못하였노라
7 내가 말하기를 나이가 많은 자가 말할
것이요 연륜이 많은 자가 지혜를 가르칠
것이라 하였노라
8 그러나 사람의 속에는 영이 있고 전능
자의 숨결이 사람에게 깨달음을 주시나

38
39
40
엘리후가 화를 내다(32:1-37:24)
32
2
3
4
5
엘리후의 말
6
7
8

니
9 어른이라고 지혜롭거나 노인이라고
정의를 깨닫는 것이 아니니라
10 그러므로 내가 말하노니 내 말을 들으
라 나도 내 의견을 말하리라
11 보라 나는 당신들의 말을 기다렸노라
당신들의 슬기와 당신들의 말에 귀 기울
이고 있었노라
12 내가 자세히 들은즉 당신들 가운데 욥
을 꺾어 그의 말에 대답하는 자가 없도다
13 당신들이 말하기를 우리가 진상을 파
악했으나 그를 추궁할 자는 하나님이시
요 사람이 아니라 하지 말지니라
14 그가 내게 자기 이론을 제기하지 아니
하였으니 나도 당신들의 이론으로 그에
게 대답하지 아니하리라
15 그들이 놀라서 다시 대답하지 못하니
할 말이 없음이었더라
16 당신들이 말 없이 가만히 서서 다시 대
답하지 아니한즉 내가 어찌 더 기다리랴
17 나는 내 본분대로 대답하고 나도 내 의
견을 보이리라
18 내 속에는 말이 가득하니 내 영이 나를
압박함이니라
19 보라 내 배는 봉한 포도주통 같고 터지
게 된 새 가죽 부대 같구나
20 내가 말을 하여야 시원할 것이라 내 입
을 열어 대답하리라
21 나는 결코 사람의 낯을 보지 아니하며
사람에게 영광을 돌리지 아니하리니

9

10

11

12

13

14

15

16

17

18

19

20

21

22 이는 아첨할 줄을 알지 못함이라 만일
그리하면 나를 지으신 이가 속히 나를 데
려가시리로다

엘리후가 욥에게 하는 말

33 그런즉 욥이여 내 말을 들으며 내
모든 말에 귀를 기울이기를 원하노
라

2 내가 입을 여니 내 혀가 입에서 말하는
구나

3 내 마음의 정직함이 곧 내 말이며 내
입술이 아는 바가 진실을 말하느니라

4 하나님의 영이 나를 지으셨고 전능자
의 기운이 나를 살리시느니라

5 그대가 할 수 있거든 일어서서 내게 대
답하고 내 앞에 진술하라

6 나와 그대가 하나님 앞에서 동일하니
나도 흙으로 지으심을 입었은즉

7 내 위엄으로는 그대를 두렵게 하지 못
하고 내 손으로는 그대를 누르지 못하느
니라

8 그대는 실로 내가 듣는 데서 말하였고
나는 그대의 말소리를 들었느니라

9 이르기를 나는 깨끗하여 악인이 아니
며 순전하고 불의도 없거늘

10 참으로 하나님이 나에게서 잘못을 찾으
시며 나를 자기의 원수로 여기사

11 내 발을 차꼬에 채우시고 나의 모든 길
을 감시하신다 하였느니라

12 내가 그대에게 대답하리라 이 말에 그
대가 의롭지 못하니 하나님은 사람보다

22
엘리후가 욥에게 하는 말
33
2
3
4
5
6
7
8
9
10
11
12

크심이니라
13 하나님께서 사람의 말에 대답하지 않
으신다 하여 어찌 하나님과 논쟁하겠느
냐
14 하나님은 한 번 말씀하시고 다시 말씀
하시되 사람은 관심이 없도다
15 사람이 침상에서 졸며 깊이 잠들 때에
나 꿈에나 밤에 환상을 볼 때에
16 그가 사람의 귀를 여시고 경고로써 두
렵게 하시니
17 이는 사람에게 그의 행실을 버리게 하
려 하심이며 사람의 교만을 막으려 하심
이라
18 그는 사람의 혼을 구덩이에 빠지지 않
게 하시며 그 생명을 칼에 맞아 멸망하지
않게 하시느니라
19 혹은 사람이 병상의 고통과 뼈가 늘 쑤
심의 징계를 받나니
20 그의 생명은 음식을 싫어하고 그의 마
음은 별미를 싫어하며
21 그의 살은 파리하여 보이지 아니하고
보이지 않던 뼈가 드러나서
22 그의 마음은 구덩이에, 그의 생명은 멸
하는 자에게 가까워지느니라
23 만일 일천 천사 가운데 하나가 그 사람
의 중보자로 함께 있어서 그의 정당함을
보일진대
24 하나님이 그 사람을 불쌍히 여기사 그
를 건져서 구덩이에 내려가지 않게 하라
내가 대속물을 얻었다 하시리라

25 그런즉 그의 살이 청년보다 부드러워
지며 젊음을 회복하리라
26 그는 하나님께 기도하므로 하나님이
은혜를 베푸사 그로 말미암아 기뻐 외치
며 하나님의 얼굴을 보게 하시고 사람에
게 그의 공의를 회복시키시느니라
27 그가 사람 앞에서 노래하여 이르기를
내가 범죄하여 옳은 것을 그르쳤으나 내
게 무익하였구나
28 하나님이 내 영혼을 건지사 구덩이에
내려가지 않게 하셨으니 내 생명이 빛을
보겠구나 하리라
29 실로 하나님이 사람에게 이 모든 일을
재삼 행하심은
30 그들의 영혼을 구덩이에서 이끌어 생
명의 빛을 그들에게 비추려 하심이니라
31 욥이여 내 말을 귀담아 들으라 잠잠하
라 내가 말하리라
32 만일 할 말이 있거든 대답하라 내가 기
쁜 마음으로 그대를 의롭다 하리니 그대
는 말하라
33 만일 없으면 내 말을 들으라 잠잠하라
내가 지혜로 그대를 가르치리라

34 엘리후가 말하여 이르되
2 지혜 있는 자들아 내 말을 들으
며 지식 있는 자들아 내게 귀를 기울이라
3 입이 음식물의 맛을 분별함 같이 귀가
말을 분별하나니
4 우리가 정의를 가려내고 무엇이 선한
가 우리끼리 알아보자

25

26

27

28

29

30

31

32

33

34 2

3

4

5 욥이 말하기를 내가 의로우나 하나님
이 내 의를 부인하셨고

6 내가 정당함에도 거짓말쟁이라 하였
고 나는 허물이 없으나 화살로 상처를 입
었노라 하니

7 어떤 사람이 욥과 같으랴 욥이 비방하
기를 물마시듯 하며

8 악한 일을 하는 자들과 한패가 되어 악
인과 함께 다니면서

9 이르기를 사람이 하나님을 기뻐하나
무익하다 하는구나

10 그러므로 너희 총명한 자들아 내 말을
들으라 하나님은 악을 행하지 아니하시
며 전능자는 결코 불의를 행하지 아니하
시고

11 사람의 행위를 따라 갚으사 각각 그의
행위대로 받게 하시나니

12 진실로 하나님은 악을 행하지 아니하
시며 전능자는 공의를 굽히지 아니하시
느니라

13 누가 땅을 그에게 맡겼느냐 누가 온 세
상을 그에게 맡겼느냐

14 그가 만일 뜻을 정하시고 그의 영과 목
숨을 거두실진대

15 모든 육체가 다 함께 죽으며 사람은 흙
으로 돌아가리라

16 만일 네가 총명이 있거든 이것을 들으
며 내 말소리에 귀를 기울이라

17 정의를 미워하시는 이시라면 어찌 그
대를 다스리시겠느냐 의롭고 전능하신

5
6
7
8
9
10
11
12
13
14
15
16
17

이를 그대가 정죄하겠느냐
18 그는 왕에게라도 무용지물이라 하시
며 지도자들에게라도 악하다 하시며
19 고관을 외모로 대하지 아니하시며 가
난한 자들 앞에서 부자의 낯을 세워주지
아니하시나니 이는 그들이 다 그의 손으
로 지으신 바가 됨이라
20 그들은 한밤중에 순식간에 죽나니 백
성은 떨며 사라지고 세력 있는 자도 사람
의 손을 빌리지 않고 제거함을 당하느니
라
21 그는 사람의 길을 주목하시며 사람의
모든 걸음을 감찰하시나니
22 행악자는 숨을 만한 흑암이나 사망의
그늘이 없느니라
23 하나님은 사람을 심판하시기에 오래
생각하실 것이 없으시니
24 세력 있는 자를 조사할 것 없이 꺾으시
고 다른 사람을 세워 그를 대신하게 하시
느니라
25 그러므로 그는 그들의 행위를 아시고
그들을 밤 사이에 뒤집어엎어 흩으시는
도다
26 그들을 악한 자로 여겨 사람의 눈 앞에
서 치심은
27 그들이 그를 떠나고 그의 모든 길을 깨
달아 알지 못함이라
28 그들이 이와 같이 하여 가난한 자의 부
르짖음이 그에게 상달하게 하며 빈궁한

18

19

20

21

22

23

24

25

26

27

28

사람의 부르짖음이 그에게 들리게 하느
니라
29 주께서 침묵하신다고 누가 그를 정죄
하며 그가 얼굴을 가리신다면 누가 그를
뵈올 수 있으랴 그는 민족에게나 인류에
게나 동일하시니
30 이는 경건하지 못한 자가 권세를 잡아
백성을 옭아매지 못하게 하려 하심이니
라
31 그대가 하나님께 아뢰기를 내가 죄를
지었사오니 다시는 범죄하지 아니하겠나
이다
32 내가 깨닫지 못하는 것을 내게 가르치
소서 내가 악을 행하였으나 다시는 아니
하겠나이다 하였는가
33 하나님께서 그대가 거절한다고 하여
그대의 뜻대로 속전을 치르시겠느냐 그
러면 그대가 스스로 택할 것이요 내가 할
것이 아니니 그대는 아는 대로 말하라
34 슬기로운 자와 내 말을 듣는 지혜 있는
사람은 반드시 내게 말하기를
35 욥이 무식하게 말하니 그의 말이 지혜
롭지 못하도다 하리라
36 나는 욥이 끝까지 시험 받기를 원하노니
이는 그 대답이 악인과 같음이라
37 그가 그의 죄에 반역을 더하며 우리와
어울려 손뼉을 치며 하나님을 거역하는
말을 많이 하는구나

35 엘리후가 말을 이어 이르되
2 그대는 이것을 합당하게 여기느
냐 그대는 그대의 의가 하나님께로부터

29

30

31

32

33

34

35

36

37

35 2

왔다는 말이냐
3 그대는 그것이 내게 무슨 소용이 있으
며 범죄하지 않는 것이 내게 무슨 유익이
있겠느냐고 묻지마는
4 내가 그대와 및 그대와 함께 있는 그대
의 친구들에게 대답하리라
5 그대는 하늘을 우러러보라 그대보다
높이 뜬 구름을 바라보라
6 그대가 범죄한들 하나님께 무슨 영향
이 있겠으며 그대의 악행이 가득한들 하
나님께 무슨 상관이 있겠으며
7 그대가 의로운들 하나님께 무엇을 드
리겠으며 그가 그대의 손에서 무엇을 받
으시겠느냐
8 그대의 악은 그대와 같은 사람에게나
있는 것이요 그대의 공의는 어떤 인생에
게도 있느니라
9 사람은 학대가 많으므로 부르짖으며
군주들의 힘에 눌려 소리치나
10 나를 지으신 하나님은 어디 계시냐고
하며 밤에 노래를 주시는 자가 어디 계시
냐고 말하는 자가 없구나
11 땅의 짐승들보다도 우리를 더욱 가르
치시고 하늘의 새들보다도 우리를 더욱
지혜롭게 하시는 이가 어디 계시냐고 말
하는 이도 없구나
12 그들이 악인의 교만으로 말미암아 거
기에서 부르짖으나 대답하는 자가 없음
은
13 헛된 것은 하나님이 결코 듣지 아니하
시며 전능자가 돌아보지 아니하심이라

3

4

5

6

7

8

9

10

11

12

13

14 하물며 말하기를 하나님은 뵈올 수 없
고 일의 판단하심은 그 앞에 있으니 나는
그를 기다릴 뿐이라 말하는 그대일까보
냐

15 그러나 지금은 그가 진노하심으로 벌
을 주지 아니하셨고 악행을 끝까지 살피
지 아니하셨으므로

16 욥이 헛되이 입을 열어 지식 없는 말을
많이 하는구나

36 엘리후가 말을 이어 이르되
2 나를 잠깐 용납하라 내가 그대에
게 보이리니 이는 내가 하나님을 위하여
아직도 할 말이 있음이라

3 내가 먼 데서 지식을 얻고 나를 지으신
이에게 의를 돌려보내리라

4 진실로 내 말은 거짓 이 아니라 온전한
지식을 가진 이가 그대와 함께 있느니라

5 하나님은 능하시나 아무도 멸시하지
아니하시며 그의 지혜가 무궁하사

6 악인을 살려두지 아니하시며 고난 받
는 자에게 공의를 베푸시며

7 그의 눈을 의인에게서 떼지 아니하시
고 그를 왕들과 함께 왕좌에 앉히사 영원
토록 존귀하게 하시며

8 혹시 그들이 족쇄에 매이거나 환난의
줄에 얽혔으면

9 그들의 소행과 악행과 자신들의 교만
한 행위를 알게 하시고

10 그들의 귀를 열어 교훈을 듣게 하시며
명하여 죄악에서 돌이키게 하시나니

14
15
16
36 2
3
4
5
6
7
8
9
10

11 만일 그들이 순종하여 섬기면 형통한
날을 보내며 즐거운 해를 지낼 것이요
12 만일 그들이 순종하지 아니하면 칼에
망하며 지식 없이 죽을 것이니라
13 마음이 경건하지 아니한 자들은 분노
를 쌓으며 하나님이 속박할지라도 도움
을 구하지 아니하나니
14 그들의 몸은 젊어서 죽으며 그들의 생
명은 남창과 함께 있도다
15 하나님은 곤고한 자를 그 곤고에서 구
원하시며 학대 당할 즈음에 그의 귀를 여
시나니
16 그러므로 하나님이 그대를 환난에서
이끌어 내사 좁지 않고 넉넉한 곳으로 옮
기려 하셨은즉 무릇 그대의 상에는 기름
진 것이 놓이리라
17 이제는 악인의 받을 벌이 그대에게 가
득하였고 심판과 정의가 그대를 잡았나
니
18 그대는 분노하지 않도록 조심하며 많
은 뇌물이 그대를 그릇된 길로 가게 할까
조심하라
19 그대의 부르짖음이나 그대의 능력이
어찌 능히 그대가 곤고한 가운데에서 그
대를 유익하게 하겠느냐
20 그대는 밤을 사모하지 말라 인생들이
밤에 그들이 있는 곳에서 끌려 가리라
21 삼가 악으로 치우치지 말라 그대가 환
난보다 이것을 택하였느니라
22 하나님은 그의 권능으로 높이 계시나

11

12

13

14

15

16

17

18

19

20

21

22

니 누가 그같이 교훈을 베풀겠느냐
23 누가 그를 위하여 그의 길을 정하였느
냐 누가 말하기를 주께서 불의를 행하셨
나이다 할 수 있으랴
24 그대는 하나님께서 하신 일을 기억하
고 높이라 잊지 말지니라 인생이 그의 일
을 찬송하였느니라
25 그의 일을 모든 사람이 우러러보나니
먼 데서도 보느니라
26 하나님은 높으시니 우리가 그를 알 수
없고 그의 햇수를 헤아릴 수 없느니라
27 그가 물방울을 가늘게 하시며 빗방울
이 증발하여 안개가 되게 하시도다
28 그것이 구름에서 내려 많은 사람에게
쏟아지느니라
29 겹겹이 쌓인 구름과 그의 장막의 우렛
소리를 누가 능히 깨달으랴
30 보라 그가 번갯불을 자기의 사면에 펼
치시며 바다 밑까지 비치시고
31 이런 것들로 만민을 심판하시며 음식
을 풍성하게 주시느니라
32 그가 번갯불을 손바닥 안에 넣으시고
그가 번갯불을 명령하사 과녁을 치시도
다
33 그의 우레가 다가오는 풍우를 알려 주
니 가축들도 그 다가옴을 아느니라

37 이로 말미암아 내 마음이 떨며 그
자리에서 흔들렸도다
2 하나님의 음성 곧 그의 입에서 나오는
소리를 똑똑히 들으라

23
24
25
26
27
28
29
30
31
32
33
37
2

3 그 소리를 천하에 펼치시며 번갯불을
땅 끝까지 이르게 하시고
4 그 후에 음성을 발하시며 그의 위엄 찬
소리로 천둥을 치시며 그 음성이 들릴 때
에 번개를 멈추게 아니하시느니라
5 하나님은 놀라운 음성을 내시며 우리
가 헤아릴 수 없는 큰 일을 행하시느니라
6 눈을 명하여 땅에 내리라 하시며 적은
비와 큰 비도 내리게 명하시느니라
7 그가 모든 사람의 손에 표를 주시어 모
든 사람이 그가 지으신 것을 알게 하려 하
심이라
8 그러나 짐승들은 땅 속에 들어가 그 처
소에 머무느니라
9 폭풍우는 그 밀실에서 나오고 추위는
북풍을 타고 오느니라
10 하나님의 입김이 얼음을 얼게 하고 물
의 너비를 줄어들게 하느니라
11 또한 그는 구름에 습기를 실으시고 그
의 번개로 구름을 흩어지게 하시느니라
12 그는 감싸고 도시며 그들의 할 일을 조
종하시느니라 그는 땅과 육지 표면에 있
는 모든 자들에게 명령하시느니라
13 혹은 징계를 위하여 혹은 땅을 위하여
혹은 긍휼을 위하여 그가 이런 일을 생기
게 하시느니라
14 욥이여 이것을 듣고 가만히 서서 하나
님의 오묘한 일을 깨달으라
15 하나님이 이런 것들에게 명령하셔서
그 구름의 번개로 번쩍거리게 하시는 것

3
4
5
6
7
8
9
10
11
12
13
14
15

을 그대가 아느냐
16 그대는 겹겹이 쌓인 구름과 완전한 지
식의 경이로움을 아느냐
17 땅이 고요할 때에 남풍으로 말미암아
그대의 의복이 따뜻한 까닭을 그대가 아
느냐
18 그대는 그를 도와 구름장들을 두들겨
넓게 만들어 녹여 부어 만든 거울 같이 단
단하게 할 수 있겠느냐
19 우리가 그에게 할 말을 그대는 우리에
게 가르치라 우리는 아둔하여 아뢰지 못
하겠노라
20 내가 말하고 싶은 것을 어찌 그에게 고
할 수 있으랴 삼켜지기를 바랄 자가 어디
있으랴
21 그런즉 바람이 불어 하늘이 말끔하게
되었을 때 그 밝은 빛을 아무도 볼 수 없
느니라
22 북쪽에서는 황금 같은 빛이 나오고 하
나님께는 두려운 위엄이 있느니라
23 전능자를 우리가 찾을 수 없나니 그는
권능이 지극히 크사 정의나 무한한 공의
를 굽히지 아니하심이니라
24 그러므로 사람들은 그를 경외하고 그
는 스스로 지혜롭다 하는 모든 자를 무시
하시느니라

여호와께서 욥에게 말씀하시다

38 그 때에 여호와께서 폭풍우 가운
데에서 욥에게 말씀하여 이르시되
2 무지한 말로 생각을 어둡게 하는 자가

16

17

18

19

20

21

22

23

24

여호와께서 욥에게 말씀하시다

38

2

누구냐
3 너는 대장부처럼 허리를 묶고 내가 네
게 묻는 것을 대답할지니라
4 내가 땅의 기초를 놓을 때에 네가 어디
있었느냐 네가 깨달아 알았거든 말할지
니라
5 누가 그것의 도량법을 정하였는지, 누
가 그 줄을 그것의 위에 띄웠는지 네가 아
느냐
6 그것의 주추는 무엇 위에 세웠으며 그
모퉁잇돌을 누가 놓았느냐
7 그 때에 새벽 별들이 기뻐 노래하며 하
나님의 아들들이 다 기뻐 소리를 질렀느
니라
8 바다가 그 모태에서 터져 나올 때에 문
으로 그것을 가둔 자가 누구냐
9 그 때에 내가 구름으로 그 옷을 만들고
흑암으로 그 강보를 만들고
10 한계를 정하여 문빗장을 지르고
11 이르기를 네가 여기까지 오고 더 넘어
가지 못하리니 네 높은 파도가 여기서 그
칠지니라 하였노라
12 네가 너의 날에 아침에게 명령하였느
냐 새벽에게 그 자리를 일러 주었느냐
13 그것으로 땅 끝을 붙잡고 악한 자들을
그 땅에서 떨쳐 버린 일이 있었느냐
14 땅이 변하여 진흙에 인친 것 같이 되었
고 그들은 옷 같이 나타나되
15 악인에게는 그 빛이 차단되고 그들의
높이 든 팔이 꺾이느니라

3
4
5
6
7
8
9
10
11
12
13
14
15

16 네가 바다의 샘에 들어갔었느냐 깊은
물 밑으로 걸어 다녀 보았느냐
17 사망의 문이 네게 나타났느냐 사망의
그늘진 문을 네가 보았느냐
18 땅의 너비를 네가 측량할 수 있느냐 네
가 그 모든 것들을 다 알거든 말할지니라
19 어느 것이 광명이 있는 곳으로 가는 길
이냐 어느 것이 흑암이 있는 곳으로 가는
길이냐
20 너는 그의 지경으로 그를 데려갈 수 있
느냐 그의 집으로 가는 길을 알고 있느냐
21 네가 아마도 알리라 네가 그 때에 태어
났으리니 너의 햇수가 많음이니라
22 네가 눈 곳간에 들어갔었느냐 우박 창
고를 보았느냐
23 내가 환난 때와 교전과 전쟁의 날을 위
하여 이것을 남겨 두었노라
24 광명이 어느 길로 뻗치며 동풍이 어느
길로 땅에 흩어지느냐
25 누가 홍수를 위하여 물길을 터 주었으
며 우레와 번개 길을 내어 주었느냐
26 누가 사람 없는 땅에, 사람 없는 광야
에 비를 내리며
27 황무하고 황폐한 토지를 흡족하게 하
여 연한 풀이 돋아나게 하였느냐
28 비에게 아비가 있느냐 이슬방울은 누
가 낳았느냐
29 얼음은 누구의 태에서 났느냐 공중의
서리는 누가 낳았느냐
30 물은 돌 같이 굳어지고 깊은 바다의 수

16

17

18

19

20

21

22

23

24

25

26

27

28

29

30

면은 얼어붙느니라

31 네가 묘성을 매어 묶을 수 있으며 삼성
의 띠를 풀 수 있겠느냐

32 너는 별자리들을 각각 제 때에 이끌어
낼 수 있으며 북두성을 다른 별들에게로
이끌어 갈 수 있겠느냐

33 네가 하늘의 궤도를 아느냐 하늘로 하
여금 그 법칙을 땅에 베풀게 하겠느냐

34 네가 목소리를 구름에까지 높여 넘치
는 물이 네게 덮이게 하겠느냐

35 네가 번개를 보내어 가게 하되 번개가
네게 우리가 여기 있나이다 하게 하겠느
냐

36 가슴 속의 지혜는 누가 준 것이냐 수탉
에게 슬기를 준 자가 누구냐

37 누가 지혜로 구름의 수를 세겠느냐 누
가 하늘의 물주머니를 기울이겠느냐

38 티끌이 덩어리를 이루며 흙덩이가 서
로 붙게 하겠느냐

39 네가 사자를 위하여 먹이를 사냥하겠
느냐 젊은 사자의 식욕을 채우겠느냐

40 그것들이 굴에 엎드리며 숲에 앉아 숨
어 기다리느니라

41 까마귀 새끼가 하나님을 향하여 부르
짖으며 먹을 것이 없어서 허우적거릴 때
에 그것을 위하여 먹이를 마련하는 이가
누구냐

39

산 염소가 새끼 치는 때를 네가 아
느냐 암사슴이 새끼 낳는 것을 네
가 본 적이 있느냐

31
32
33
34
35
36
37
38
39
40
41
39

2 그것이 몇 달 만에 만삭되는지 아느냐
그 낳을 때를 아느냐
3 그것들은 몸을 구푸리고 새끼를 낳으
니 그 괴로움이 지나가고
4 그 새끼는 강하여져서 빈 들에서 크다
가 나간 후에는 다시 돌아오지 아니하느
니라
5 누가 들나귀를 놓아 자유롭게 하였느
냐 누가 빠른 나귀의 매인 것을 풀었느냐
6 내가 들을 그것의 집으로, 소금 땅을
그것이 사는 처소로 삼았느니라
7 들나귀는 성읍에서 지껄이는 소리를
비웃나니 나귀 치는 사람이 지르는 소리
는 그것에게 들리지 아니하며
8 초장 언덕으로 두루 다니며 여러 가지
푸른 풀을 찾느니라
9 들소가 어찌 기꺼이 너를 위하여 일하
겠으며 네 외양간에 머물겠느냐
10 네가 능히 줄로 매어 들소가 이랑을 갈
게 하겠느냐 그것이 어찌 골짜기에서 너
를 따라 써레를 끌겠느냐
11 그것이 힘이 세다고 네가 그것을 의지
하겠느냐 네 수고를 그것에게 맡기겠느
냐
12 그것이 네 곡식을 집으로 실어 오며 네
타작 마당에 곡식 모으기를 그것에게 의
탁하겠느냐
13 타조는 즐거이 날개를 치나 학의 깃털
과 날개 같겠느냐
14 그것이 알을 땅에 버려두어 흙에서 더

2

3

4

5

6

7

8

9

10

11

12

13

14

워지게 하고
15 발에 깨어질 것이나 들짐승에게 밟힐
것을 생각하지 아니하고
16 그 새끼에게 모질게 대함이 제 새끼가
아닌 것처럼 하며 그 고생한 것이 헛되게
될지라도 두려워하지 아니하나니
17 이는 하나님이 지혜를 베풀지 아니하
셨고 총명을 주지 아니함이라
18 그러나 그것이 몸을 떨쳐 뛰어갈 때에
는 말과 그 위에 탄 자를 우습게 여기느니
라
19 말의 힘을 네가 주었느냐 그 목에 흩날
리는 갈기를 네가 입혔느냐
20 네가 그것으로 메뚜기처럼 뛰게 하였
느냐 그 위엄스러운 콧소리가 두려우니
라
21 그것이 골짜기에서 발굽질하고 힘 있
음을 기뻐하며 앞으로 나아가서 군사들
을 맞되
22 두려움을 모르고 겁내지 아니하며 칼
을 대할지라도 물러나지 아니하니
23 그의 머리 위에서는 화살통과 빛나는
창과 투창이 번쩍이며
24 땅을 삼킬 듯이 맹렬히 성내며 나팔 소
리에 머물러 서지 아니하고
25 나팔 소리가 날 때마다 힝힝 울며 멀리
서 싸움 냄새를 맡고 지휘관들의 호령과
외치는 소리를 듣느니라
26 매가 떠올라서 날개를 펼쳐 남쪽으로
향하는 것이 어찌 네 지혜로 말미암음이

15
16
17
18
19
20
21
22
23
24
25
26

냐

27 독수리가 공중에 떠서 높은 곳에 보금
자리를 만드는 것이 어찌 네 명령을 따름
이냐

28 그것이 낭떠러지에 집을 지으며 뾰족
한 바위 끝이나 험준한 데 살며

29 거기서 먹이를 살피나니 그 눈이 멀리
봄이며

30 그 새끼들도 피를 빠나니 시체가 있는
곳에는 독수리가 있느니라

40 여호와께서 또 욥에게 일러 말씀
하시되

2 트집 잡는 자가 전능자와 다투겠느냐
하나님을 탓하는 자는 대답할지니라

3 욥이 여호와께 대답하여 이르되

4 보소서 나는 비천하오니 무엇이라 주
께 대답하리이까 손으로 내 입을 가릴 뿐
이로소이다

5 내가 한 번 말하였사온즉 다시는 더 대
답하지 아니하겠나이다

6 그 때에 여호와께서 폭풍우 가운데에서
욥에게 일러 말씀하시되

7 너는 대장부처럼 허리를 묶고 내가 네
게 묻겠으니 내게 대답할지니라

8 네가 내 공의를 부인하려느냐 네 의를
세우려고 나를 악하다 하겠느냐

9 네가 하나님처럼 능력이 있느냐 하나
님처럼 천둥 소리를 내겠느냐

10 너는 위엄과 존귀로 단장하며 영광과
영화를 입을지니라

27

28

29

30

40

2

3

4

5

6

7

8

9

10

11 너의 넘치는 노를 비우고 교만한 자를 발견하여 모두 낮추되	11
12 모든 교만한 자를 발견하여 낮아지게 하며 악인을 그들의 처소에서 짓밟을지니라	12
13 그들을 함께 진토에 묻고 그들의 얼굴을 싸서 은밀한 곳에 둘지니라	13
14 그리하면 네 오른손이 너를 구원할 수 있다고 내가 인정하리라	14
15 이제 소 같이 풀을 먹는 베헤못을 볼지어다 내가 너를 지은 것 같이 그것도 지었느니라	15
16 그것의 힘은 허리에 있고 그 뚝심은 배의 힘줄에 있고	16
17 그것이 꼬리 치는 것은 백향목이 흔들리는 것 같고 그 넓적다리 힘줄은 서로 얽혀 있으며	17
18 그 뼈는 놋관 같고 그 뼈대는 쇠 막대기 같으니	18
19 그것은 하나님이 만드신 것 중에 으뜸이라 그것을 지으신 이가 자기의 칼을 가져 오기를 바라노라	19
20 모든 들 짐승들이 뛰노는 산은 그것을 위하여 먹이를 내느니라	20
21 그것이 연 잎 아래에나 갈대 그늘에서나 늪 속에 엎드리니	21
22 연 잎 그늘이 덮으며 시내 버들이 그를 감싸는도다	22
23 강물이 소용돌이칠지라도 그것이 놀라지 않고 요단 강 물이 쏟아져 그 입으로	23

들어가도 태연하니

24 그것이 눈을 뜨고 있을 때 누가 능히
잡을 수 있겠으며 갈고리로 그것의 코를
꿸 수 있겠느냐

41 네가 낚시로 리워야단을 끌어낼 수
있겠느냐 노끈으로 그 혀를 맬 수
있겠느냐

2 너는 밧줄로 그 코를 꿸 수 있겠느냐 갈
고리로 그 아가미를 꿸 수 있겠느냐

3 그것이 어찌 네게 계속하여 간청하겠
느냐 부드럽게 네게 말하겠느냐

4 어찌 그것이 너와 계약을 맺고 너는 그
를 영원히 종으로 삼겠느냐

5 네가 어찌 그것을 새를 가지고 놀 듯
하겠으며 네 여종들을 위하여 그것을 매
어두겠느냐

6 어찌 장사꾼들이 그것을 놓고 거래하
겠으며 상인들이 그것을 나누어 가지겠
느냐

7 네가 능히 많은 창으로 그 가죽을 찌르
거나 작살을 그 머리에 꽂을 수 있겠느냐

8 네 손을 그것에게 얹어 보라 다시는 싸
울 생각을 못하리라

9 참으로 잡으려는 그의 희망은 헛된 것
이니라 그것의 모습을 보기만 해도 그는
기가 꺾이리라

10 아무도 그것을 격동시킬 만큼 담대하
지 못하거든 누가 내게 감히 대항할 수 있
겠느냐

11 누가 먼저 내게 주고 나로 하여금 갚게

24

41

2

3

4

5

6

7

8

9

10

11

하겠느냐 온 천하에 있는 것이 다 내 것이
니라

12 내가 그것의 지체와 그것의 큰 용맹과
늠름한 체구에 대하여 잠잠하지 아니하
리라

13 누가 그것의 겉가죽을 벗기겠으며 그
것에게 겹재갈을 물릴 수 있겠느냐

14 누가 그것의 턱을 벌릴 수 있겠느냐 그
의 둥근 이틀은 심히 두렵구나

15 그의 즐비한 비늘은 그의 자랑이로다
튼튼하게 봉인하듯이 닫혀 있구나

16 그것들이 서로 달라붙어 있어 바람이
그 사이로 지나가지 못하는구나

17 서로 이어져 붙었으니 능히 나눌 수도
없구나

18 그것이 재채기를 한즉 빛을 발하고 그
것의 눈은 새벽의 눈꺼풀 빛 같으며

19 그것의 입에서는 횃불이 나오고 불꽃
이 튀어 나오며

20 그것의 콧구멍에서는 연기가 나오니
마치 갈대를 태울 때에 솥이 끓는 것과 같
구나

21 그의 입김은 숯불을 지피며 그의 입은
불길을 뿜는구나

22 그것의 힘은 그의 목덜미에 있으니 그
앞에서는 절망만 감돌 뿐이구나

23 그것의 살껍질은 서로 밀착되어 탄탄
하며 움직이지 않는구나

24 그것의 가슴은 돌처럼 튼튼하며 맷돌
아래짝 같이 튼튼하구나

12
13
14
15
16
17
18
19
20
21
22
23
24

25 그것이 일어나면 용사라도 두려워하
며 달아나리라
26 칼이 그에게 꽂혀도 소용이 없고 창이
나 투창이나 화살촉도 꽂히지 못하는구
나
27 그것이 쇠를 지푸라기 같이, 놋을 썩은
나무 같이 여기니
28 화살이라도 그것을 물리치지 못하겠
고 물맷돌도 그것에게는 겨 같이 되는구
나
29 그것은 몽둥이도 지푸라기 같이 여기
고 창이 날아오는 소리를 우습게 여기며
30 그것의 아래쪽에는 날카로운 토기 조
각 같은 것이 달려 있고 그것이 지나갈 때
는 진흙 바닥에 도리깨로 친 자국을 남기
는구나
31 깊은 물을 솥의 물이 끓음 같게 하며
바다를 기름병 같이 다루는도다
32 그것의 뒤에서 빛나는 물줄기가 나오
니 그는 깊은 바다를 백발로 만드는구나
33 세상에는 그것과 비할 것이 없으니 그
것은 두려움이 없는 것으로 지음 받았구
나
34 그것은 모든 높은 자를 내려다보며 모
든 교만한 자들에게 군림하는 왕이니라

욥의 회개

42 욥이 여호와께 대답하여 이르되
2 주께서는 못 하실 일이 없사오며
무슨 계획이든지 못 이루실 것이 없는 줄
아오니

25

26

27

28

29

30

31

32

33

34

욥의 회개

42 2

3 무지한 말로 이치를 가리는 자가 누구
니이까 나는 깨닫지도 못한 일을 말하였
고 스스로 알 수도 없고 헤아리기도 어려
운 일을 말하였나이다

4 내가 말하겠사오니 주는 들으시고 내
가 주께 묻겠사오니 주여 내게 알게 하옵
소서

5 내가 주께 대하여 귀로 듣기만 하였사
오나 이제는 눈으로 주를 뵈옵나이다

6 그러므로 내가 스스로 거두어들이고
티끌과 재 가운데에서 회개하나이다

결론

7 여호와께서 욥에게 이 말씀을 하신 후
에 여호와께서 데만 사람 엘리바스에게
이르시되 내가 너와 네 두 친구에게 노하
나니 이는 너희가 나를 가리켜 말한 것이
내 종 욥의 말 같이 옳지 못함이니라

8 그런즉 너희는 수소 일곱과 숫양 일곱
을 가지고 내 종 욥에게 가서 너희를 위하
여 번제를 드리라 내 종 욥이 너희를 위하
여 기도할 것인즉 내가 그를 기쁘게 받으
리니 너희가 우매한 만큼 너희에게 갚지
아니하리라 이는 너희가 나를 가리켜 말
한 것이 내 종 욥의 말 같이 옳지 못함이
라

9 이에 데만 사람 엘리바스와 수아 사람
빌닷과 나아마 사람 소발이 가서 여호와
께서 자기들에게 명령하신 대로 행하니
라 여호와께서 욥을 기쁘게 받으셨더라

여호와께서 욥에게 복을 주시다

3

4

5

6

결론

7

8

9

여호와께서 욥에게 복을 주시다

10 욥이 그의 친구들을 위하여 기도할 때
여호와께서 욥의 곤경을 돌이키시고 여
호와께서 욥에게 이전 모든 소유보다 갑
절이나 주신지라

11 이에 그의 모든 형제와 자매와 이전에
알던 이들이 다 와서 그의 집에서 그와 함
께 음식을 먹고 여호와께서 그에게 내리
신 모든 재앙에 관하여 그를 위하여 슬퍼
하며 위로하고 각각 케쉬타 하나씩과 금
고리 하나씩을 주었더라

12 여호와께서 욥의 말년에 욥에게 처음
보다 더 복을 주시니 그가 양 만 사천과
낙타 육천과 소 천 겨리와 암나귀 천을 두
었고

13 또 아들 일곱과 딸 셋을 두었으며

14 그가 첫째 딸은 여미마라 이름하였고
둘째 딸은 긋시아라 이름하였고 셋째 딸
은 게렌합북이라 이름하였으니

15 모든 땅에서 욥의 딸들처럼 아리따운
여자가 없었더라 그들의 아버지가 그들
에게 그들의 오라비들처럼 기업을 주었
더라

16 그 후에 욥이 백사십 년을 살며 아들과
손자 사 대를 보았고

17 욥이 늙어 나이가 차서 죽었더라

NOTE

NOTE

NOTE

남기고 싶은 글

주기도문 새번역

하늘에 계신 우리 아버지,
아버지의 이름을 거룩하게 하시며
아버지의 나라가 오게 하시며,
아버지의 뜻이 하늘에서와 같이 땅에서도 이루어지게 하소서.
오늘 우리에게 일용할 양식을 주시고,
우리가 우리에게 잘못한 사람을 용서하여 준 것같이
우리 죄를 용서하여 주시고,
우리를 시험에 빠지지 않게 하시고, 악에서 구하소서.
나라와 권능과 영광이 영원히 아버지의 것입니다.
아멘.

새번역 사도신경

나는 전능하신 아버지 하나님, 천지의 창조주를 믿습니다.
나는 그의 유일하신 아들, 우리 주 예수 그리스도를 믿습니다.
그는 성령으로 잉태되어 동정녀 마리아에게서 나시고,
본디오 빌라도에게 고난을 받아 십자가에 못 박혀 죽으시고,
장사된 지 사흘 만에 죽은 자 가운데서 다시 살아나셨으며,
하늘에 오르시어 전능하신 아버지 하나님 우편에 앉아 계시다가,
거기로부터 살아 있는 자와 죽은 자를 심판하러 오십니다.
나는 성령을 믿으며, 거룩한 공교회와 성도의 교제와
죄를 용서받는 것과 몸의 부활과 영생을 믿습니다.
아멘.

십계명

제일은, 너는 나 외에는 다른 신들을 네게 두지 말라.

제이는, 너를 위하여 새긴 우상을 만들지 말고,
또 위로 하늘에 있는 것이나, 아래로 땅에 있는 것이나,
땅 아래 물 속에 있는 것의 어떤 형상도 만들지 말며,
그것들에게 절하지 말며, 그것들을 섬기지 말라.

제삼은, 너는 네 하나님 여호와의 이름을 망령되게 부르지 말라.

제사는, 안식일을 기억하여 거룩하게 지키라.

제오는, 네 부모를 공경하라.

제육은, 살인하지 말라.

제칠은, 간음하지 말라.

제팔은, 도둑질하지 말라.

제구는, 네 이웃에 대하여 거짓 증거하지 말라.

제십은, 네 이웃의 집을 탐내지 말라.

손글씨성경 [구약10_에스라-욥기]

2022년 6월 1일 초판 1쇄 발행

펴 낸 이 김수곤
디 자 인 디자인이츠
발 행 처 MISSION TORCH
등 록 일 1999년 9월 21일 제 54호
등록주소 서울 송파구 백제고분로 27길 12(삼전동)
전 화 (02)2203-2739
팩 스 (02)2203-2738
이 메 일 ccm2you@gmail.com
홈페이지 www.ccm2u.com